인간은 섬이 아니다

병의 단계마다 드리는 기도

나남
nanam

나남신서 1395

인간은 섬이 아니다
병의 단계마다 드리는 기도

2009년 4월 20일 초판 발행
2009년 4월 20일 초판 1쇄

지은이_ 존 던
옮긴이_ 김명복
발행자_ 趙相浩
발행처_ (주) 나남
주소_ 413-756 경기도 파주시 교하읍
출판도시 518-4
전화_ 031) 955-4600 (代)
FAX_ 031) 955-4555
등록_ 제 1-71호(79. 5. 12)
홈페이지_ www. nanam. net
전자우편_ post@nanam. net

ISBN 978-89-300-8395-9
ISBN 978-89-300-8001-9 (세트)
책값은 뒤표지에 있습니다.

나남신서 · 1395

인간은 섬이 아니다

병의 단계마다 드리는 기도

존 던 지음 | 김명복 옮김

나남
nanam

DEVOTIONS

Upon Emergent Occasions

by

John Donne

nanam

옮긴이 머리말

모든 생명은 죽음의 씨앗을 갖고 태어났다. 인간의 생명도 죽음의 생명과 함께 시작된다. 생명의 나이는 죽음의 나이이다. 그렇게 인간은 태어나자마자 죽음이란 불치의 병을 앓는다. 죽음은 병의 징후로 나타나, 몸이 아플 때마다 그 얼굴을 슬며시 내보여준다. 그렇게 병은 죽음의 다른 모습으로, 우리 몸속에 태어나면서부터 이미 내재해 있었건만, 병이 우리를 찾아올 때마다 우리는 병을 마치 이물질 대하듯, 나와는 무관한 침입자로 취급한다. 병은 죽음의 씨앗으로 인간의 DNA 가운데 이미 내재해 있었다. 생명이 없이 우리가 살 수 없듯이, 죽음이 없이 우리는 살 수 없다. 어제가 죽어 주어야 오늘이 있을 수 있고, 오늘이 사라져 주어야 내일이 있을 수 있다. 죽음과 생명은 서로에게 생명을 주는 하나의 몸통이다. 생명이 있는 곳이면 죽음이 반드시 있고, 죽음이 없다면 생명도 없다.

죽음이 죽을 수 없듯이, 병도 죽지 않는다. 병에 대한 불안은 죽음에 대한 불안이다. 불안은 수동적 자세를 취하는 사람에게는 파괴적이지만 능동적 자세를 취하는 사람에게는 창조력의 동기가 된다. 평정과 균형이 무기력일 수 있는 곳에서, 불안과 불균형은 창조력으로 전환된다. 그리고 병의 불안은 존 던(John Donne)에게는 창조의 동기가 되었다. 병의 고통 뒤에 보상이 따라야 한다. 그렇지 않겠는가? 그렇게 고통을 겪었는데 남는 것이 없다면 얼마나 허망한 일인가? 던은 병 이후에 책을 남겼다. 병의 고통을 경험하고도 그에 따른 보상이 뒤따르지 않는다면 하는 불안함이 우리에게 있다. 병의 고통이 우리에게 아무런 의미도 주지 않고, 단지 우리의 기력을 소진시키는 일만 하였다면 어쩌겠는가? 존 던은 병을 통하여 고통의 의미를 발견하고 이 책을 썼다.

병의 고통으로 죽음의 경계를 넘나들며 힘겨워 하는 사람을 옆에 두고, 아니면 우리가 현재 병으로 고통받고 있다면, 그때 우리는 어떻게 기도할 것인가? 더구나 그 병이 우리를 죽음의 문턱까지 이르게 한 병이라면? 그럴 때 우리는 어떻게 하느님께 기도를 드려야 할까?

그러한 의문의 갈증에서 존 던의 이 책(병 단계마다 드리는 기도, *Devotions Upon Emergent Occasions*: 1624)의 번역이 시작되었다. 원문에는 성경 지식이 풍부하지 않은 사람은 그 원문의 내용을 이해할 수 없는 부분이 많다. 그래서 각주를 달고도 더 보충해서 설명해야 할 부분은 꺾쇠 “〔 〕” 안에 써 넣었다.

던은 영문학사상 언어유희를 가장 많이 하여, 독자가 그의 시와 산문을 이해하기가 매우 까다로운 17세기 형이상학파 시인이다. 그는 산문도 시와 같이 썼다. 시를 읽을 때마다 매번 시의 의미가 다르게 다가오듯, 던의 산문도 번역해 놓고 다시 원문과 대조해보면 의미가 변해있다. 던은 번역이 텍스트의 해석이라는 말이 실감나는 텍스트를 썼다. 텍스트를 달리 해석할 때마다 번역의 내용이 달라질 수밖에 없기에 많은 공을 들여야 하는 것이 던의 산문이다.

던은 자신의 원고를 1624년 1월 말에 출판사에 넘겼다. 그리고 꼭 385년 후 2009년 1월 말 나는 번역원고를 나남출판사에 넘겼다.

2009년 3월

김 명 복

☩ 기도 순서 ☩

1. 묵상　인간의 조건에 대하여 묵상하다
2. 논의　하나님과 논의하다
3. 기도　때마다 하나님께 기도하다

런던 폴 성당 감독, 존 던
1624

가장 훌륭하신 왕자, 찰스 왕자님께

가장 훌륭하신 왕자님,

나는 세 번 탄생하였습니다. 첫 번째는 자연적 탄생으로 세상에 태어났고, 두 번째는 영적 탄생으로 사제가 되었으며, 그리고 세 번째는 병으로부터 부활하여 기적의 탄생을 경험하였습니다. 두 번째 탄생 때 왕자님의 왕실 목사는 손을 내미시어 나를 두 번째 탄생으로 인도하였습니다. 그리고 세 번째 마지막 탄생의 결과로 나는 나 자신 아버지가 되었으니, 나의 책은 나의 아기가 되어 나로부터 잉태되어 나와 함께 세상에 나왔습니다. 하나님 아버지(Father)께 사제(Father)로 나 자신을 바쳤듯이 나는 나의 아기를 하나님의 아들 예수님께 바칩니다. 나는 병들어 불행한 나의 모습이 그려진 이 책을 높고 귀하시며 건강하신 왕자님께 드립니다. 하나님이 나의 예배를 받으신 것으로 만족해야겠지만, 나는 훌륭한 왕들의 예들을 따라 계명을 지켜야 했으니, "히스기야"(Ezechiah)는 병으로부터 회복되자 병에 대한 묵상의 글을 썼습니다. 열왕기하 28:19 그밖에도 이유가 있습니다. 지난 세월 내가 선왕과 함께 행복하게 지냈듯이(나는 선왕의 행복의 목격자로, 그분과 행복을 함께하였습니다), 나의 아기가 하나님의 자비를 받아 생생하게 하나님의 기억에 오래 살아남는다면, 나 또한 살아서 아기와 함께 행복을 맛보는 것이 됩니다.

왕자님
가장 미천하고 가장 충성스러운

존 던

나남신서 · 1395

인간은 섬이 아니다

병의 단계마다 드리는 기도

차 례

1

최초의 이질감, 곧 병으로부터의 최초 모욕감

Insultus Morbi primus

묵상

인간은 건강의 변화무쌍함으로 불행하다. 건강이 좋았다가 갑자기 병이 들면, 갑작스런 변화에 놀라고 나빠진 건강에 더 놀란다. 발병의 이유를 알 수 없고 병의 이름도 모르면서, "건강"을 위해 온갖 음식, 음료수, 공기 그리고 운동에 신경을 쓴다. 건강의 집을 짓는 데 필요한 모든 돌들을 다듬고 닦는다. 건강은 길고 꾸준한 노력의 결과다. 그러나 한순간 대포알 하나가 날아와 그동안의 모든 노고를 박살내고 모두를 뒤엎고 파괴한다. "병"이란 우리가 신중하게 대처한다고 해서 막을 수 있는 것이 아니고, 우리가 관심을 많이 갖는다고 해서 멈출 수 있는 것도 아니다. 아니다. 별다른 이유도 없이 우리가 뭔가 잘못되었다고 생각하는 순간, 병은 우리를 불러서 도망 못 가게 움켜쥐고 사로잡아 단숨에 파괴한다.

아! 인간의 처지가 얼마나 처량한가! 하나님은 최초에 인간을 그렇게 만들지 않으셨다. 하나님 자신이 "불멸"이시듯 하나님은 처음에 "연료"로 불멸의 불을 인간에게 주시어 인간이 불멸의 불꽃으로 타오를 수 있게 하셨다. 그러나 죄를 짓는 순간 인간은 스스로 그 불꽃을 꺼버렸다. 인간은 거짓된 재물에 귀기울이다 알거지가 되었고, 거짓된 지식에 귀기울이다 분별력을 잃었다. 그 결과로 인간은 죽게 되었으니, 인간은 병이 설치한 고통의 고문대 위에서 죽는다. 어디 그뿐인가? 인간은 병이 발발하기도 전에 지레 겁에 질려 경계하고 의심하고 걱정하느라 초긴장하여 미리 고통을 받는다. 혹시 병에 걸린 것이 아닐까하여 한손을 다른 손 위에 올려 맥박을 재어보고, 눈을 부라리며 오줌을 검사하고는 건강상태가 어떠한가를 자신에게 묻는다.

아, 불행은 끝이 없다! 인간은 병에 걸리면 고통스럽게 죽는 까닭에 죽을 때 죽음을 즐길 수가 없고, 고통스러운 까닭에 고통이 오기까지 기다리지 못하고 미리 걱정하고, 미리 떠벌린다. 인간은 병이나 고통 가운데 어느 하나 오지 않았는데도, 죽음이 가져오게 될 고통에 대하여 미리 생각한다. 인간의 "붕괴"는 병의 첫 변화부터 잉태되어, 병으로 가속화되고, 끝내는 죽음을 낳는다. 죽음은 이미 첫 변화부터 시작된다.

"하나의 작은 세계"라는 인간의 영예가 바로 이 정도인가? "지진"은 갑작스런 오한이고, "번개"는 갑작스런 열병이고, "천둥"은 갑작스런 재채기이고, "일(월)식"은 감각들의 갑작스런 무감각과 혼란이고, "불타는 별들"은 고열이고, "피의 강물들"은 갑자기 흐르는 붉은 핏물인가?

인간은 자신을 통제할 수 있는 존재로, 자신을 파괴하고, 자신에게 사형선고를 내릴 뿐 아니라, 자신이 죽을 때를 미리 생각하고, 슬픔의 우려로 병을 불러와서는 병을 미리 앞당겨 병을 더욱 치료 불가능하게 만들고, 불타는 석탄들 위에 물을 뿌려 불길을 더욱 부추기듯 뜨거운 열병을 차가운 우울증으로 감싼다. 그리고 이렇게까지 하지 않으면 열병이 충분히 빨리 자신을 파괴시키지 않을까 두려워하기라도 하는 듯하고, 자신이 만든 병인 "우울증"을 자연발생적 또는 뜻밖의 열병과 결합하지 않으면 파괴의 과업을 완성시키지 못할까 두려워하는 듯하다! 오! 복잡하게 뒤엉킨 파멸이여! 오! 수수께끼 같은 병이여! 오! 인간의 비참한 정황이여!

논의

나라는 사람이 "흙"과 "유골"뿐이라 할지라도, 내가 주님께 말할 수 있는 것은, 주님의 손이 "흙"으로부터 나를 만드셨으니, 장차 "유골"을 거두실 것은 주님의 손이고, 주님의 손이 이 질그릇을 만드신 기구이시니, 장차 이 유골을 간직하게 될 "단지"〔그릇〕 또한 주님의 손입니다. 나는 성령의 성전에 속한 "흙"이고, "유골"입니다. 어떤 성전의 대리석이 이보다 더 귀할 수 있습니까? 나는 "흙"과 "유골" 이상입니다. 나의 가장 훌륭한 부분, 나의 "영혼"이 곧 나입니다. 나는 "하나님으로부터 숨을 받은 자"이니, 아뢰는 말로 주신 숨을 하나님께 돌려드리려 합니다.

나의 하나님, 나의 하나님, 왜 나의 영혼은 나의 육체만큼 그렇게 예민하게 반응하지 못합니까? 나의 육체가 병에 반응을 보이듯, 왜 그렇게 나의 영혼은 죄를 알아보고, 예감하고, 반대하고, 예상하고, 경계하고, 의심하지 않습니까? 왜 나의 영혼의 "맥박"은 죄가 유혹하며 접근할 때마다 경고를 보내지 않습니까? 왜 나의 눈은 나의 영혼의 병을 검사할 "시약"을 갖고 있지 않습니까? 유혹의 길에 들어서는 순간 피할 수도 있으련만(모든 길에는 뱀이 있으니 인간은 어디서나 유혹에 불려가도록 운명적으로 태어났습니다), 나는 유혹의 길로 갑니다. 그것도 달려가고 날아가듯 달려갑니다. 아니, 나는 유혹의 병이 머물러있는 집을 부수고 유혹의 장소로 밀고 들어갑니다. 그것도 모자라 꼬드기지 않았다면 그냥 머물러있었을 악마를 유혹하여, 유혹의 장소를 알려달라고 알랑대고 조르기까지 합니다. 나는 죄를 그리워하고, 죄짓는 일에 안주하여 떠날 줄 모르고, 그 일에 파묻혀 썩어가면서도, 병〔죄〕에 대한 어떠한 암시나 기분 그리고 낌새도 눈치채지 못합니다.

오! 불행은 높고 깊습니다! 병〔죄〕의 첫 징후는 지옥입니다. 나는 그곳〔죄〕에서 지옥의 어둠과 공포의 빛에 드러난 정욕과 시기와 야망의 열병을 봅니다. 그리고 그곳에서 전령이 나에게 처음

한 말은 "하나님은 죽을 수 있습니다"가 아니고, "하나님은 죽어야 합니다"도 아니고, "하나님은 죽었습니다"란 말입니다. 그리고 그곳〔죄〕에서 나의 영혼이 〔죄의〕 병에 대해 처음 알아낸 사실은 〔그 병이〕 회복불가하고 치료불가하다는 것입니다.

욥(Job)은 고통 속에서도, "오! 나의 하나님, 욥은 하나님을 비난할 정도로 어리석지 않았습니다"욥기 1:22라고 말했습니다. 나도 영적인 고통 가운데서 그렇게 어리석지 않을 것입니다. 하나님은 우리의 영혼 가운데 "경고음"을 심어놓으셨지만, 우리는 그 경고음에 꿈쩍도 하지 않습니다. 우리는 양심의 소리를 갖고 있지만, 그 소리에 귀기울이지 않습니다. 오히려 그 양심의 소리에 대하여 이야기하고, 농담하고, 없던 것으로 치부하고, 그 소리에 잠들어 버립니다. 우리는 양심의 소리에 깨었을 때조차, 야곱이 말하였듯이, "여호와께서 과연 여기 계시거늘 내가 알지 못하였다"창세기 28:16는 변명조차 하지 않습니다. 〔하나님이 함께하셨다는〕 사실을 알았더라도, 그 사실을 말하지 않고, 그 후에도 말하지 않을 것입니다.

하나님이 "시계"를 만드시면서 〔시계가 작동하도록 하는〕 "태엽"을 만들지 않으셨겠습니까? 영혼의 활동영역과 신체기관에 매우 다양한 많은 장치들을 설치해 놓으시고, 그들을 작동할 은총을 베푸시지 않으셨겠습니까? 태엽을 만드시고 태엽을 감지 않으셨겠습니까? 인간에게 첫 은총을 주입하시고, 더 많은 것으로 그 은총을 복되게 하지 않았겠습니까? 그렇게 하지 않으셨다면 우리는 그 첫 은총을 더 이상 사용할 수 없을 것입니다. 이미 그 은총을 받았으면서도, 왜? 우리는 순리대로 그 은총에 자신을 맡길 수는 없는 것입니까?

안타깝게도 우리는 그렇게 하지 않습니다. 우리 모두는 상속자 명단에서 제외되지 않은 탕자들입니다. 우리는 상속자의 몫을 받고 그 몫을 낭비하였지만, 그 권리에서 제외되지는 않았습니다. 누가복음 15:12 우리는 이 세상을 살아가는 "하나님의 임차인들"입니다. 그러나 우리의 땅 주인이신 하나님은 우리를 대신해 지대를 지불해 주십니다. 하나님은 1년마다가 아니고, 분기별도 아니고, 시간당 그리고 매순간 지불하십니다. 매순간 하나님은 자비를 갱신하지만, 우리는 마음이 완악하여 오히려 "고침을 받아 우리가 치료될까 두려워하며" 하나님의 자비를 알려고도 하지 않습니다. 마태복음 13:15

기도

오! 영원하시고 가장 자애로운 하나님! 단지 하나님만을 생각하면, 하나님은 하나의 "원"으로 처음이고 마지막이고 전부이시지만, 하나님이 우리에게 하신 일을 생각하면, 하나님은 "직선"으로 우리를 처음부터 이끄시고, 모든 길에 우리와 함께하시고, 마지막 날까지 우리를 이끄실 분이십니다. 나는 하나님의 은총을 생각하며 나의 마지막 날을 기대하고, 지난날을 회상합니다. 하나님은 처음부터 나에게 자비를 제공하셨습니다. 하나님의 자비로, 나는 이 세상을 시작할 때 기독교 교회에 뿌리를 내리고, 내가 이 세상이 아닌 다른 세상을 위해 일할 때〔성직자의 인생〕, 하나님은 나를 선택하시어 생명의 책에 나의 이름을 적어 놓으셨으니, 나는 이 세상에 어떠한 일을 하든지 하나님의 자비가 성스럽다고 생각하게 됩니다.

영적인 병이라고 할 죄가 잉태되어 나에게 접근해 올 때마다, 나는 외치는 소리를 듣습니다. "오, 하나님의 사람 엘리사여, 솥에 죽음을 부르는 독이 있습니다."열왕기하 4:40 + 이 외침을 듣고, 나는 배가 허기져 불같이 달려가고 싶지만 참습니다. 하나님의 현명한 종 솔로몬이 말합니다. "충직한 전령은 건강을 가져옵니다."잠언 13:17 ++ 영적인 병이라 할 죄가 시작될 때, 하나님의 목소리를 들으면 나는 건강해집니다. 제때에 하나님의 빛을 볼 수 있고, 좀더 일찍이 하나님의 목소리를 들을 수 있다면, "그때 나의 빛은 아침과 같이 밝게 빛나고 나의 건강은 빠르게 솟구칠

\+ 흉년이 들어 먹을 것이 부족하였을 때 엘리사는 종에게 솥을 걸어 수련생들이 먹을 국을 끓이라고 하였다. 종 가운데 한 사람이 들 포도넝쿨을 뜯어다 솥에 넣고 끓였는데 수련생들이 무엇인지 모르고 국을 떠다가 맛보고 하나님의 사람을 부르며 그 솥에 죽음을 부르는 독이 있다고 외쳤다. 엘리사가 솥에 밀가루를 뿌리니 독이 없어져 국을 떠다 먹을 수 있었다.

++ 못된 전령은 사람을 재앙에 빠지게 하지만, 충직한 전령은 재앙을 물리치는 일을 한다.

것입니다."이사야 58:7~8 +

오, 나의 하나님, 나를 헛된 망상들로부터 구해주십시오! 모든 육욕과 모든 형태의 죄를 두려워하는 예민함과 순수함과 신중함은, 지나치게 세심하고 위험스러운 일이기까지 하다는 망상을 합니다. 지나치게 조심하고 경계하다 보면 종국에는 통제 불가한 낙심에 빠질 수 있으니, 결국은 하나님의 보살핌과 섭리를 믿지 않는 것이 된다는 망상 말입니다.

모든 병이 시작할 때, 곧 모든 죄악이 접근할 때, 하나님은 나에게 말씀해주실 것이고, 내가 그 목소리를 알아듣고 하나님께 나아갈 때, 하나님은 나를 타락으로부터 지켜주시며, 내가 타고난 허약함으로 쓰러질 때, 하나님은 나를 다시 일으켜주실 것이라는 변함없는 확신으로 내가 굳건히 설 수 있게 하여주십시오. 오, 하느님, 나는 타고난 병약자임을 고백하오니 나를 지켜주소서. 우리 죄의 무게를 아시고, 우리의 죄에 대하여 비싼 대가를 치르신 하나님의 아들, 우리 구세주, 그리스도 예수를 위해 이 일을 해주십시오. "아멘."

+ 헐벗은 사람을 보았을 때에 그에게 옷을 입혀주고, 골육을 피하여 숨지 말라. 그리하면 네 빛이 새벽 햇살처럼 비칠 것이며, 네 상처가 빨리 나을 것이다. 네 의를 드러내실 분이 네 앞에 가실 것이며, 주의 영광이 네 뒤에서 호위할 것이다.

2

근력, 감각, 여타 기능이 변화를 보이더니, 멈추다

Post, Actio Laesa

묵상

하늘의 별들은 변함없이 움직인다. 그것도 늘 똑같은 방식으로 움직여 변화가 별로 없다. 지구는 늘 수동적으로 변화하며 조금씩 용해되어 사라지는 까닭에 하늘의 별들보다 변함없다고 할 수 없다. 지구의 가장 고상한 구성요소라 할 인간도, 또한 지구에 속하지 않는 눈이라도 되는 듯이 그렇게 용해되어 사라진다. 인간은 "시기심"으로 용해되어 여위고, 타인의 "아름다움"으로 용해된다. 열병은 그를 눈과 같이 용해시키는 정도가 아니라 용광로에 녹아있는 납, 철, 구리와 같이 그를 용해시켜 용액으로 쏟아놓는다. 열병은 그를 용해시킬 뿐 아니라, 그를 태워 원소들과 재로 바꾼다. 물이 아니라, 횟가루로 바꾼다. 얼마나 빨리 그렇게 변하는가? 하나님이 답변을 받는 데 걸리는 시간보다 빨리 변하고, 하나님이 질문을 생각하시는 시간보다 빨리 변한다.

땅은 나의 육체의 본질이고, 하늘은 나의 영혼의 본질이다. 땅과 하늘은 육체와 영혼이 머무는 곳이지만, 육체와 영혼은 땅과 하늘에 똑같은 방식으로 반응하지 않는다. 나의 육체는 밀지 않았는데도 넘어지고, 나의 영혼은 당김이 없이는 위로 오르지 못한다. "상승"은 나의 영혼이 가야 할 길이고 리듬이지만, "추락"은 나의 육체의 몫이다. 사는 집이 하늘로 날개를 가진 천사들조차 하늘로 오를 때는 "사다리"의 층계를 밟고 오른다. 창세기 28:12 한순간에 여러 마일을 가는 태양이나, 태양보다 빨리 더 긴 거리를 가는 하늘의 별들도, 나의 육체가 땅으로 돌아가는 것만큼 빨리 가지는 않는다.

병의 첫 공격을 느끼는 순간 나는 〔추락의〕 경주에서 승리했음을 느낀다. 눈 깜박할 사이에 나의 시력에 문제가 생기고, 미각은 한순간 사라져 식욕을 잃어 기력이 떨어지고, 무릎은 한순간 꺾여 힘이 없고, 죽음의 복사판과 그림이라고 할 잠이 한순간 사라지자, 진짜 죽음이 다가온 듯 나의 삶 자체가 죽음인 듯하다.

아담의 형벌 가운데 "너는 이마에 땀을 흘려야 빵을 먹을 수 있다"는 구절이 있다. 창세기 3:19 이 형벌은 나에게 많은 의미를 갖는다. 나도 나의 이마에 땀을 흘리며 나의 소명을 따라 일하며 빵을 구해 먹고살았는데, 지금 나는 이마부터 발끝까지 계속하여 끊임없이 땀을 흘리지만 빵을 먹지 못하고 음식 맛도 없다. 인간은 비참하다. 인류의 반은 고기가 없어 먹지 못하고, 나머지 반은 식욕이 없어 먹지 못한다.

논의

다윗(David)은 사울(Saul) 왕에게 자신이 "죽은 개"라 자인하고, 사무엘상 24:15 므비보셋(Mephibosheth)은 다윗 왕에게 자신이 "죽은 개"라 자인합니다. 사무엘하 9:8 그렇게 다윗은 사울에게, 므비보셋은 다윗에게 말합니다. 하나님이 생각하시는 가장 위대한 것에 비교하여, 가장 위대한 사람으로 불리는 인간도 비교가 될 만한 것을 전혀 갖고 있지 않습니다. 우리가 위대하다고 말하지만, 사실 우리는 위대함을 가늠할 척도가 될 만한 것조차 가지고 있지 않습니다. 비율이란 무한대와 비교가 되지 않습니다.

사람은 이 세상에 무덤 이외에 가진 것이 없다고 말하지만, 그의 무덤을 가지고 있는 사람의 무덤조차 그보다 더 나은 사람, 혹은 또 다른 사람이 그가 가지고 있는 무덤에 묻히기 전까지만 그에게 대여된 것입니다. 무덤이 없어 거름더미가 되어버린 사람은 자신이 흙이 되어버린 만큼만을 제외하고 더 이상의 땅을 소유하지 못합니다. 그러나 그러한 땅조차 소유하지 못한 사람은 또 다른 곳에 속해 있는 사람이니, 그는 마치 "다윗의 모든 장군들"이나 사무엘하 21:15 "세상의 모든 군주들"이나 "가공할 모든 거인들"과 사무엘하 21:16 같이 하나의 흙 속에 함께 뭉쳐져 있거나, 아니면 하나님이 세상에 보낸 아들들 중의 단지 생존자일 뿐이니, 하나님 보시기에 인간은 모두 마찬가지입니다.

내가 아무리 작은 자일지라도, "하나님은 없는 것을 있는 것

같이 불러내시는 분이시니",[로마서 4:17] 비록 있지도 않은 정도의 나이지만, 나는 하나님을 불러 말합니다, 나의 하나님, 나의 하나님, 하나님의 진노가 어찌 이토록 급히 나에게 이르렀습니까? 하나님은 왜 나를 물과 같이 용해시키시어 땅 위에 흩뿌리시고 쏟아 붓습니까? 하나님은 세상이 시작된 노아의 때에 120년 동안 계시었고,[창세기 6:3] 순종치 않는 세대와 함께 광야에서 40년 동안 계시었는데,[민수기 14:33] 나를 위해 잠시도 머무실 수는 없습니까?

왜 하나님은 나에게 "진행", "명령", "소환", "심판"을 한꺼번에 하려 하십니까? 왜 하나님은 불러내어, 전투하게 하고, 승리하여, 개선 행진하는 일을 한꺼번에 처리하려 하십니까? 나를 포로로 잡아, 나를 적이라고 단정하자마자, 나를 포로로 죽음에 넘기시고, 칼집에서 칼을 뽑아 나를 베시고는, "그가 얼마동안 아팠는가?"라는 질문에 대한 대답으로, 처음부터 죽음의 손길이 그에게 이르렀다는 말 이외에 또 다른 대답은 남기지 않으려 하십니까?

"소용돌이"가 아니라[욥기 38:1 ; 나훔 1:3 ; 예레미야 23:19] 가볍고 부드러운 공기로 오시는 나의 하나님, 나의 하나님, 하나님의 첫 숨결로 나에게 영혼을 불어넣으시더니, 이제 같은 숨결로 나의 영혼의 불을 끄려 하십니까? 회중에서의 하나님의 숨결과[출애굽기 29:44] 교회에서의 하나님의 말씀은 이 세상에서 친교와 위로로 살아 숨쉬게 하시고, 내세에서는 완성을 이루시면서, 어찌하여 이 방에서의 하나님의 숨결은 "분해", "파괴", "분리" 그리고 "격리"가 살아

숨쉬게 하십니까? 분명 이것은 하나님의 숨결이 아닐 것입니다. 하나님의 손은 아닐 것입니다.

삼키는 칼, 태우는 불, 광야로부터의 바람, 육체의 병, "욥을 고통스럽게 한 이들 모두"는욥기 2:6 사탄의 손으로부터 온 것들입니다. 그것은 하나님의 손으로부터 온 것이 아닙니다. 나의 하나님이신 하나님은 유모가 나의 손을 잡을 때부터 하나님 손으로 나의 손을 잡고 줄곧 이끄시니, 내가 알기로, 하나님의 손길이 없었다면 내가 치료되는 일이 없었을 것입니다. 나의 부모는 "하인"의 훈계에 나를 넘기지 않으시니, 나의 하나님도 "사탄"에 나를 넘기지 않으실 것입니다.

나는 다윗과 함께 "여호와의 손에 잡혀", 사무엘하 24:14 다윗이 그러하였듯이, 하나님의 자비가 큼을 압니다. 하나님의 자비를 믿고 현재의 나의 건강상태를 보건대, 나의 하나님이 부활의 날에 이 흙〔육체〕을 모아서 다시 육체의 모양으로 짜맞추시기 위해 서둘러 이 육체를 처리하시려고 이 육체를 분해하는 일을 하라고 병을 서둘러 보내셨다고 생각되지는 않습니다. 부활의 날에 하나님의 천사들이 "너희 죽은 자들이여, 일어나라!"라고 외치는 소리를 나는 들을 것입니다. 에베소서 5:14 ; 데살로니가전서 4:16 ; 요한계시록 20:11~15; 고린도전서 15:22 나는 죽었지만 천사의 음성을 들을 것입니다. 천사가 말하자마자 말한 내용이 이루어질 것입니다. 그리고 이 세상에서 죽으면 누구나 하늘나라에서는 빠르게 일어날 것입니다.

기도

하나님의 목적을 찾아 완성하시는, 오! 가장 인자하신 하나님! 이 병이 처음 나를 찾아올 때 나도 언젠가 죽을 것이라는 사실을 기억하게 하셨을 뿐 아니라, 병이 더욱 진전되면서 나도 죽을 수 있음을 알려주신 하나님! 그 첫 번째 병으로 나를 깨우셨을 뿐 아니라, 나를 완전히 넘어뜨렸다가 불러일으켜 세우시고, 나를 벌거벗겨 하나님을 입게 하시고, 이 세상의 식욕과 안이함에 대한 나의 육체적 감각을 무디게 하시고, 나의 영적인 감각들을 갈아 날카롭게 만드시어 내가 하나님을 깨닫게 하셨습니다.

어떤 순서와 어떤 방식으로 하나님께로 가든 하나님은 기뻐하시니, 이 몸이 분해되는 동안, 오! 주님! 그 속도를 재촉하시고, 이 세상에서와 저 세상에서 나의 영혼이 하나님을 향하여 올라갈 때, 오 나의 하나님, 여러 방식으로 가게 하소서. 나의 입맛은 변함없으니, 하늘에 올라가 다윗의 식탁에 앉았을 때, "하나님이 선하심을 맛보아 알도록 하겠습니다". 시편 34:8 나의 위장은 튼튼하여 이곳 지상에 있는 동안 하나님의 성인들과 교제하는 식탁에 함께하였듯이, 나는 하늘나라에서도 하늘나라의 성인들과 함께하는 "어린 양〔예수〕의 만찬"에 요한계시록 19:9 함께할 것입니다. 나의 무릎은 허약하여 쉽게 넘어질 수 있으니, 하나님을 향한 나의 기도가 영원히 변치 않게 하소서.

"마음의 화평은 육신의 생명이다" 잠언 14:30 하였으니, 하나님을 향한 마음에 하나님이 찾아오시니 그 마음에 화평이 있습니다. "주의 진노로 인하여 내 삶에 성한 곳이 없사오니", 시편 38:3 하나님이 사랑하시는 예수 그리스도가 하나님이 사랑하지 않으시는 나의 죄들을 감당하게 하시어, 나의 뼈에 휴식이 있게 하소서. 날카로운 병의 숲, 가시덤불과 가시들 가운데에서도 "불꽃"이 되신, 출애굽기 3:4 오! 나의 하나님, 내가 날카로운 가시 많은 이 길을 갈 때에 나를 버리지 마시고 나에게 오셔서, 내가 하나님을 알아보고, 하나님이 나의 하나님임을 알게 하소서. 하늘의 왕이시었다가, 이 세상에 오셔서 가시왕관을 쓰셨던 예수 그리스도를 위하여, 마태복음 27:29 ; 마가복음 15:17 오! 하나님! 이 일을 행하소서.

3

병상의 환자

Decubitus sequitur tandem

묵상

인간은 살아 움직이는 다른 피조물들과 달리 한 가지 특권이 있으니, 인간은 기어 다니지 않고 곧바로 선 자세로, 태어날 때부터 "하늘"을 생각하도록 만들어졌다. 하늘을 생각하도록 "영혼"을 땅으로부터 높이 들고 다니는 자세는 그러한 특권을 준 하늘에 영혼이 감사하는 모습이다. 다른 피조물들은 모두 "땅"을 바라본다. 그러나 땅은 "인간"이 사고하기에 적합한 대상이 아니다. 인간은 땅으로 돌아가야 하지만, 다른 피조물들과 같이 땅에 머물러 있어서는 안 된다. 인간은 본디 그의 "고향"인 하늘을 생각하도록 태어났다. 이것은 인간의 특권이다.

그러나 이러한 위엄을 가진 인간은 어떠한가? 열병이 그를 내리눌러 그 위엄으로부터 추락하게 할 수 있다. 어제는 영광의 왕관에 다섯 발자국 다가가 황금 "관"을 썼던 그 머리가 오늘은 그의 발끝까지 낮게 끌어내려질 수 있다. 하나님이 오셔서 인간에게 생명의 숨결을 불어넣으셨을 때, 하나님은 인간을 땅 위에 눕히셨다. 이제 하나님이 인간의 숨결을 다시 거두려고 하실 때, 하나님은 인간을 침대 위에 눕히심으로 인간이 죽음을 준비하게 하신다. 아무리 좁은 감옥이라도 죄수가 한 발이나 두 발을 움직일 여유는 있다. 텅 빈 나무 가운데와, 벽 사이에 들어가 있는 은둔자들이나 목욕통 한가운데 들어가 있는 괴짜들 모두에게 서거나 앉거나 자세를 바꿀 공간의 여유는 있다.

병자의 병상은 환자의 무덤이 되고, 환자가 병상에서 말하는 모두는 "비문"이 된다. 그렇게 매일 밤 병상은 일종의 "무덤"이다. 건강할 때 밤에 잠자리에 들며 우리는 하인들에게 우리가 언제 잠자리에서 일어날지를 말할 수 있지만, 병상에서는 우리가 어느 날, 어느 주, 어느 달에 잠자리에서 일어날 수 있을지 말할 수 없다. 병상에서 머리는 발만큼 낮게 놓여있다. 병상에서 사람들의 머리는 그들이 발로 밟았던 것들만큼 낮게 놓여있다. 남의 사면장에 서명하였던 바로 그 손이 병상에서는 너무나 힘이 없어 자신의 사면장을 부탁하는 서명조차 할 수 없다. 발에는 이상한 족쇄가 채워지고 손에는 이상한 수갑이 채워져, 발과 손이 단단히 묶여질수록 그만큼 더 밧줄〔근육〕은 느슨하여져, 느슨하여지면 질수록 근육과 인대는 제 기능을 더욱더 할 수 없게 된다.

내가 죽어 무덤 속에 있을 때, 나의 친구들과 나를 사랑하였던 사람들은 나에 대한 기억을 불러내는 말투로 비문을 기록하여 나와 말할 수도 있다. 병상에 있을 때, 나는 나 자신 "유령"이 되어 나를 보고 있는 사람들을 놀라게 하고, 그들을 훈계한다. 그들은 내가 지금 최악의 상태에 있다고 생각하여 더욱 악화될까 두려워한다. 그들은 내가 지금 죽어가고 있다고 생각하여 한밤중에 깨어나 내가 아직도 살아있는지 궁금해 하고, 내일은 내가 죽을 것인지 서로 묻는다. 비참하고 비인간적인 자세로(모두 다 그렇다) 침상 위에 조용히 누워서 나는 무덤 속에서 취할 나의 자세를 연습해야 한다. 그리고 나는 더 이상 자꾸 일어남으로써 "부활"을 연습해서는 안 된다.

논의

나의 하나님, 나의 예수, 나의 주님, 나의 그리스도, 나의 힘되시고 나의 구원자 되시는 주여, 예수의 사도들이 예수에게 아이들을 데려온 사람들을 꾸짖을 때, 예수가 그들에게 하신 말씀을 나는 생각합니다. "어린아이들을 용납하고, 내게 오는 것을 금하지 말라."[마태복음 19:14] 지금의 나보다 누가 더 어린아이다울 수 있습니까? 나는 하나님의 종 예레미야(Jeremiah)가 말한 "주여 나는 어린아이니 말할 수 없습니다"라고[예레미야 1:6] 말하는 것이 아닙니다. 오, 주여, 나는 젖 빠는 아이니 먹을 수 없고, 기어 다니는 아이니 하나님에게 갈 수도 없습니다. 내가 어떻게 하나님에게 가야 합니까? 내가 어디로 가야 하나님에게로 가는 것입니까? 여기 있는 침대가 그곳입니까?

나는 이렇게 허약하건만 아이와 같이 자꾸 앞으로 가려고만 합니다. 나는 앉지도 못하면서 침대에 누워있기를 싫어합니다. 내가 어떻게 침대에서 하나님을 만납니까? 오, 내가 그래야 합니까? 침대는 하나님이 오셔서 "보실 만한 곳"이 아니고, 하나님이 오셔서 "계실 만한 곳"도 아닙니다. 하나님이 나를 침대 위에 눕힐 때, 오, 주여, 하나님은 이전의 나의 죄들을 물어 나를 꾸짖으려 하시는 것은 아니겠지요?

방탕의 온상인 침대에 병들어 누워있게 하신 것은, 병자가 자신의 방문턱에 자신의 목을 매달라고 하는 것 아닙니까? "상아 침대"에 누워있는 선지자를 꾸짖으셨듯이[아모스 6:4] 침대 위에 누워있는 우리를 꾸짖으실 때, 하나님은 우리에게 화가 나신 것 아닙니까? 우리가 상아 침대를 "나무 침대"로 바꿀 때까지, 하나님은 화를 내실 것 아닙니까? 다윗은 하나님에게 맹세합니다. "하나님의 장막을 짓기까지 침대에 오르지 않을 것입니다."[시편 132:3] 침대에 오르는 일은 건강과 휴식을 약속합니다. 그러나 하나님은 말합니다. "이세벨(Jesubel)을 침대에 던질 것이다."[요한계시록 2:22] 그리고 하나님은 말을 덧붙이셨으니, 그 침상은 "환난", 그것도 "큰 환난"이라 하셨습니다.

하나님이 우리를 침대에 붙잡아두시면 어떻게 우리가 하나님에게로 가겠습니까? 하나님은 회중에 계시고, 나는 홀로 있습니다. 백부장의 종이 병들어 집에 누워있을 때, 종의 주인되는 백부장은 그리스도에게 왔으나, 그의 종은 올 수 없었습니다.마태복음 8:6 친구가 중풍으로 병들어 누웠을 때 자비심 많은 네 명의 친구가 그를 그리스도에게 데려왔습니다.마가복음 2:3 그는 병이 너무 심해 혼자 올 수가 없었습니다. 베드로의 장모가 열병으로 누웠을 때 그리스도는 몸소 그녀에게 왔습니다. 그녀는 병들어 그리스도에게 갈 수 없었기 때문입니다.

기도의 형식으로 나의 친구들은 하나님의 집인 회중으로 나를 데려갈 수도 있을 것입니다. 그러면 "성령"이 방문하시든, 아니면 "성찬"의 증거로든 하나님은 나의 집으로 오셔야 합니다. 내가 침대 위에 던져져 누워있을 때 나의 느슨해진 근육은 쇠사슬이 되었고, 이들 얇은 침대보는 나에게 쇠대문이 되었습니다. "여호와여, 나는 주가 계신 집과 주의 영광이 거하는 곳을 사랑합니다."시편 26:8 그리고 나는 이곳에 누워 주의 집에 거하는 자에게 복이 있습니다 라고시편 84:4 말하지만, 내가 "주의 집에 들어갑니다"라고 말할 수는 없습니다. 나는 "주를 경외함으로 성전을 향하여 경배합니다"라고시편 5:7 말할 수는 있지만, 하나님의 성전에서 그 말을 할 수는 없습니다.

그리고 나의 열병만큼이나 빠르게, "주여, 주의 집을 위하는 열성이 나를 삼켜버립니다". 시편 69:9 내가 주의 집〔성전〕으로 가고 싶어하는 것을 보면, 나는 하나님에게 불복종하고 있는 것은 아닙니다. 내가 갈 수 없어 가지 못하니, 나는 파문당한 꼴이 되었습니다.

그러나 주여, 하나님은 만군의 여호와로 행동하시기를 좋아합니다. 예레미야 7:3~4 왜? 하나님은 나를 나의 일터로부터 불러내셨습니까? 인간은 무덤 속에서 하나님을 찬양하지 못합니다. 이사야 38:18 무덤으로 가는 문이 되어버린 이 병자의 침상에서 내가 하나님을 찬양한다면, 그 누구도 나의 찬양을 듣지 못합니다. 하나님이 나의 입술을 연 것은 나의 입술이 오직 하나님만을 찬양하도록 하기 위함이 아니라, 널리 많은 사람들에게 하나님을 찬양하기 위함입니다.

그러나 하나님의 사도들이 두려워하였듯이 나도 그러하오니, "내가 남에게 전파한 후에 자기가 도리어 버려질까봐 두려워합니다". 고린도전서 9:27 나는 버림당하지 않기 위해 나 자신을 하나님께 내던지오니, 하나님이 하박국에게 했듯이 나의 머리채를 휘잡아 데려가시고, 외경에스라스후서 1:40 하나님이 엘리야에게 했듯이 "마차"로 나를 데려가시옵소서. 열왕기하 2:11

하나님은 하나님의 방식으로 나를 이끄시니, 그 방식은 하나님의 아들을 이끄셨던 방식입니다. 하나님은 우선 하나님의 아들을 이 땅에 내려놓으시어 기도하게 하시고, 그가 자신의 십자가라 부르는 곳으로 올라가게 하시고, "승천"하기 전에 먼저 "지옥으로 내려가게" 하셨습니다. 요한복음 2:33 이 병상보다 더 낮은 "층"이 있습니다(사실 "층"이 아니라 "엎드림"입니다). 내일 나는 마루 위 침상보다 "한층" 아래인 땅 위에 놓였다가, 다음날 더 한

층 아래 지구의 음부인 무덤 안에 놓일 것입니다. 아직은 하나님이 유성과 같이 나를 하늘과 땅 사이에 놓으셨습니다. 지상의 육체가 하늘로 가는 나를 막고 있으니 아직은 하늘에 속해 있는 것이 아니고, 하늘의 영혼이 나를 먹여 살리니 땅에 속한 것도 아닙니다.

오, 하나님, 그것은 하나님의 법이시니, "그 적수를 쳤으나 그가 죽지 않고 자리에 누웠다면 그를 친 자가 그의 치료를 맡아야 하고 그에게 손해를 배상해야 한다"고[출애굽기 21:18~19] 하셨습니다. 하나님의 손이 나를 쳐서 침상에 눕게 하셨으니, 만일 내가 다시 일어나면 하나님은 나에게 배상하셔야 하오니, 내가 살아 있는 동안 하나님은 이 병의 기억이 나를 이롭게 하도록 하셔야 합니다.

만일 나의 육체가 더 낮은 곳으로 추락한다면〔죽는다면〕, 예수는 이 목욕탕에서〔열병으로 몸이 땀범벅이 되었다〕 나의 영혼을 꺼내시어 예수의 눈물로, 예수의 땀으로, 예수의 피로 거듭, 거듭 씻어서 그 영혼을 하나님 아버지께 바칠 것입니다.

기도

오, 전능하시고 자비로우신 하나님, 하나님은 내가 걸을 수 없도록 나의 발을 무력하게 하셨지만, 하나님에게 나아갈 나의 발판은〔믿음〕 거두지 않으셨습니다. 곧게 서서 하나님의 "하늘",

하나님의 “보좌”를마태복음 5:34 바라볼 수 있는 직립의 모습을 나에게서 거두셨지만, 침상에 누워서라도 하나님을 바라볼 수 있는 빛은 아직 나에게서 거두지 않으셨습니다. 하나님에게 무릎 꿇을 수 없도록 나의 무릎을 약하게 하셨지만, 하나님을 향해 굽힌 나의 마음은 영원히 나에게 남겨 놓으셨습니다.

하나님은 병상을 하나님의 제단으로 만드셨으니, 나를 하나님의 제물로 받으십시오. 하나님의 아들 그리스도를 제사장으로 만드셨듯이 나를 그리스도의 집사로 만드십시오. 하나님이 기뻐할 수 있도록 나의 몸과 마음을 기꺼이 바칩니다. 예수 그리스도가 나로부터 봉사받을 수 있도록 나를 사용하여 주십시오. 이제 나는 하나님께로 나갑니다.

오, 하나님, 나의 하나님, 내가 하나님께 나아갑니다. 내가 하나님께 나아갈 때, 하나님이 나에게 오실 것을 믿고, 하나님께 나갑니다. 나는 하나님의 종 다윗의 약속을 믿고 의지하오니, “여호와께서는 쇠약한 병상에서 죄를 붙드시고, 저의 병중에 그 자리를 다 고쳐 펴시나이다”. 시편 41:3

내가 어느 방향으로 가든지 나는 하나님께 가는 것임을 압니다. 나의 몸에서 하나님의 손길을 느끼오니 나의 침상에서도 그러합니다. 나를 교정하시고 새롭게 하시는 이는 하나님이시오니 이 모두는 하나님의 손길로부터 비롯되었음을 나는 압니다.

병에 걸렸을 때, “깃털”과 같은 건강을 “가시”〔병의 고통〕와 같은 번민으로 만드시는 주님이시여, 오, 내가 양심의 평화를 얻기 위하여 하나님의 방주를 진정한 위로의 도구로 믿고, 주의 법령들과 교회의 조례들에 의지하오니, 나의 가시가 주의 비둘기의 깃털 되게 하소서.

오, 주여, 나의 병상은 나태의 침상이니, 아니, 나태보다 더 심각하오니, 병상에서의 나를 잊으십시오. 오, 주여, 병상에서 내가 자주 하나님을 떠났을 때, 그곳에서 하나님이 나를 만났다는 말씀으로 나의 영혼을 놀라게 하는 일 마옵소서. 불타는 열병으로 나의 침상을 몽땅 태우시고, 홍수 같은 땀으로 그 침상을 씻으시어, 나의 침상을 다시 만드소서.

오, 주여, 하나님의 명령에 따라 내가 "자리에 누워 마음으로 말하고 잠잠할 수 있게 하소서". 시편 4:4 내가 침상에 누워있는 동안 이 침상이 내가 이전에 지은 모든 죄의 침상이 되게 하시고, 내가 죽어 나의 무덤으로 가기 전, 이 침상이 나의 죄의 무덤 되게 하소서. 하나님 아들의 상처가 나의 죄를 씻었다는 믿음에 의지하여 나의 양심이 걱정 없게 하시고, 나의 영혼이 더 이상 위험에 처하지 않게 하시며, "비방"으로 나의 사후 평판이 나쁘지 않게 하옵소서.

나를 위해 하나님의 아들, 우리 구세주, 예수 그리스도가 자비는 물론 하나님의 정의를 베풀도록 이 일을 하소서. 오, 주여, 하나님을 위해 많은 일하시고 고통받은 예수 그리스도를 위해 이 일을 하소서.

4

의사를 부르러 사람을 보내다

Medicusque vocatur

묵상

"인간은 작은 세계다"라고 말하는 것은 지나치게 작게 잡고 말한 것이다. 하나님이 없다면 인간은 아무것도 아닌 것보다 더 작다. 그러나 인간은 세상보다 더 많은 요소들, 더 많은 부분들로 구성되어 있다. 인간은 세상을 구성하고 있는 것보다, 아니, 세상 그 자체보다 더 크다. 만일 인간을 구성하고 있는 요소들을 펼쳐 놓는다면, 그리고 세상의 크기로 인간이 구성요소들을 크게 갖는다면, 인간은 "거인"이 될 것이고, 세상은 "난쟁이"가 될 것이다. 세상은 "지도"이고, 인간은 "세계"가 될 것이다.

만일 인간의 몸속에 있는 모든 "혈관들"이 강물들이 되고, 모든 힘줄들이 광산의 광맥들이 되고, 꼬여있는 근육들이 언덕들이 되고, 모든 뼈들이 채석장들이 되고, 그 이외의 몸의 모든 다른 구성요소들이 세상에 부합하는 것들로 변한다면, 세상의 공간은 인간이란 공간이 움직이기에 너무 작고, 하늘은 인간이라 부르는 별을 품기도 벅찰 것이다. 세상은 인간의 구성요소들에 대응할 만한 것들을 갖추고 있지 않고, 인간은 세상이 대응하지 못할 많은 것들을 가지고 있다.

이 거대한 세계라고 할 인간이란 개념을 확대 해석하여, 이 인간이 만들어 내는 무진장한 피조물들을 생각해보자. 인간이 만들어낸 "피조물들"은 "생각들"이다. 그리고 이 피조물들은 거인들로 태어난다. 인간의 생각들은 동과 서, 땅과 하늘, 바다와 육지, 태양과 하늘을 두루 다닌다. 인간의 사고는 모두에 걸쳐 있고, 모두를 포용한다. 설명이 불가능한 신비다. 생각들의 창조자인 나는 병상이라는 감옥에 갇혀있지만, 나의 피조물들인 내 생각들은 태양과 함께하고, 태양을 지나쳐 태양을 앞서고, 거기서 더 나아가면 이르지 못할 곳이 없다.

인간 세상이 아닌 다른 세상이 사악하고 유해한 피조물들인 독사들, 벌레들, 자신들을 낳아준 세상을 삼켜버리고 애쓰는 애벌레들, 그리고 다양한 부모들과 부류들로 인하여 복잡하게 만들어진 괴물들을 탄생시키듯, 인간 세상도 다양한 종류의 병들과 병균들을 만들어낼 때 외부가 아닌 내부에서 그들을 만들어내고 있다. 이 병들은 해로운 데다가 전염성이 있고, 영양을 주는 인간을 소모시키는 등, 여러 가지 모양으로 다양하게 뒤엉켜 있다. 인간이 만들어낸 병이라고 부르는 이 모든 종류의 수많은 해롭고, 소모적이고, 괴물 같은 피조물들을 자연세계가 어떻게 탄생시킬 수 있겠는가?

오, 불행의 넘쳐남이여! 오, 빌붙어 살며 누리는 풍요여! 아직 이름도 갖추지 못한 병들과 치료할 수도 없는 병들은 또 얼마나 많은가? 그러나 우리는 이 "거인들"〔병〕, 이 "괴물들"과 싸울 수 있는 "헤라클레스"(Heracles), 곧 의사를 가지고 있다. 그 의사〔예수〕는 인간을 구하기 위해 자연의 비밀을 모두 알고 있다. 그는 인간을 구제해 줄 모든 진리를 알고 있다. 인간은 의사를 "가지고" 있지만 인간이 의사는 "아니다".

이러한 점에서 스스로 자신들이 의사들이 되는 비천한 피조물들과 비교하여, 인간은 그들과 비교하여 부족한 점이 있고, 고결함이 덜하다. 추격당하다가 부상당한 수사슴은 먹으면 화살이 빠져나오는 약초를 알고 있어, 그 약초를 먹으면 화살이 희한하게도 빠져나온다고 한다. 속담에 이르기를 병에 걸린 개도 자신을 치료할 약초를 찾아낸다고 한다. 치료제가 되는 약초들이 다른 피조물들에 못지않게 인간 가까이 있을 수 있다. 벌이 쉽게 찾아내는 약초들이 인간을 치료하는 데 쓰일 수 있다.

그러나 다른 피조물들과는 달리, 인간은 약제사와 의사를 가까이 가지고 있지 않고, 당면한 위험을 치료할 천연의 약제들을 사용할 타고난 본능도 가지고 있지 않으며, 그 자신을 치료할 약제사도 의사도 되지 못한다. 주여, 다시 생각하시어, 인간을 판단하소서! 인간이 죽어 한줌의 흙으로 소진될 때, 인간의 그 큰 크기와 규모에 무슨 일이 일어나는가? 인간이 자신을 망각하게 되는 무지의 무덤으로 끌어내려질 때, 그의 치솟았던 사고들과 폭넓은 사고들에 과연 무슨 일이 일어나는가? 인간의 병은 인간의 것이지만 인간은 의사가 아니다. 집에 누워 아파하는 사람은 누군가를 보내어 의사를 불러와야 한다.

논의

나에게 욥(Job)의 "의로움"은 없으나, "나는 전능자에게 말할 것이고, 하나님과 함께 생각하겠다"고[욥기 13:3] 말한 욥의 욕망이 나에게 있습니다. 나의 하나님, 나의 하나님, 내가 얼마나 급히 의사에게 가야 합니까? 내가 얼마나 의사와 머물러 있어야 합니까? 하나님은 물질과 인간과 기술을 모두 만드셨음을 나는 압니다. 내가 의사에게 가더라도 내가 하나님을 떠난 것이 아님을 나는 압니다. 나체의 수치를 의식하기 이전에 하나님은 "옷"을 만들지 않았습니다. 그러나 병의 번거로움이 있기 전에 하나님은 약품을 만드셨습니다. 태초부터 하나님은 약초에 약효를 부여하셨는데, 그렇다면 하나님은 우리가 병들 것이라는 것을 알고 그렇게 하신 것입니까?

하나님이 우리를 창조하셨을 때, 하나님은 우리가 죄지을 수도 있다고 생각하셨습니다. 하나님은 병과 죄를 예견하셨지만, 병들고 죄를 지으라고 하시지는 않았습니다. 주여, 하나님은 "그 실과는 먹을 만하고 그 잎사귀는 약재료가 되리라"[에스겔47:12] 말씀하시며 그 나무들을 약속하셨습니다. 하나님의 아들〔예수〕이 환자에게 "네가 낫고자 하느냐?"요한복음 5:6,7라고 물을 때, 그 말씀은 우리가 병이 걸렸을 때 의사가 없이는 우리는 스스로 나을 수 없음을 말합니다. 그리고 하나님은 "의사가 있지 아니한가?"예레미야 8:22라고 말씀하셨습니다. 그 말씀은 우리가 하나님의 말씀을 인정하고 따르고 싶은 마음이 들게 합니다.

물질과 물리현상에 대해 해박한 현인 솔로몬(Solomon)이 말하기를, "주님은 땅에서 약을 만들어내시고, 현인은 그 약을 싫어하지 않을 것이다"라고 하였습니다. 그리고 기술을 가진 인간을 생각하시어, "의사는 오래된 병을 고칠 것이다"라고 하였습니다. 외경전도서 38:4 이들 말씀들을 보면, 하나님이 우리에게 제공한 도움들을 받으라고 하십니다.

그러나 하나님은 "그의 창조자에 대항하여 죄지은 자, 그가 의사의 손안에 떨어지게 하리라"라는 말씀도 하셨습니다. 외경전도서 38:15 내가 이 말씀을 어떻게 이해해야 합니까? 의사에게 가서 의사의 축복을 받으라고 하시고, 우리가 의사에게 가는 것이 저주가 된다고도 하셨습니다. 그가 의사의 손안에 떨어져 자신을 완전히 의사에게 맡김으로 의사를 믿고 의지하고 그의 지시를 따르지만, 하나님 교회에서 규정한 "영적인 치료"를 무시할 때, 그때는 오히려 저주가 되지 않겠습니까? 그와 같이 "의사의 손안에 떨어지는 일"은 "죄"가 되고, 전에 지은 죄들에 대한 형벌입니다. 아사(Asa)가 의사의 손에 떨어졌을 때 그랬습니다. 그는 "병이 있을

때, 여호와께 구하지 아니하고 의원들에게 구했습니다". 역대하 17:12

그러하니 하나님의 방식을 나에게 알려주십시오. 오, 주여, 내가 그 방법을 지금 따르고 있습니까? 내가 따르고 있다면 하나님에게는 영광이요, 만일 아니라면 용서하시고, 따를 수 있게 도와주십시오. "아플 때 소홀히 하지 말라"외경전도서 38:9는 것이 하나님 방식입니다. 나의 근면함이 어떻게 표출되어야 합니까? "주께 기도하라, 그가 너를 고쳐 주리라."

오, 주여, 나는 그렇게 합니다. 나는 기도합니다. 나는 하나님의 종 다윗(David)이 하였던 기도를 합니다. "여호와여 내가 수척하오니 긍휼히 여기소서. 여호와여 나의 뼈가 떨리오니, 나를 고치소서."시편 6:2 나의 허약함은 하나님이 자비를 베푸실 이유이고 동기가 되오니, 나의 병을 보시고 나에게 건강을 주소서. 불행에 처하였을 때와 같이, 하나님이 병든 나를 언제 불쌍하게 생각하시고, 언제 자비를 베푸십니까? 병에 걸리자마자 건강에 대한 기도를 올리는 것이 적당한 시점입니까?

하나님의 방식은 더 많은 것을 요구하시니, "죄로부터 떠나 너의 손이 올바른 일을 하게 하고, 너의 마음을 모든 사악함으로부터 깨끗하게 하라" 하셨습니다. 외경전도서 38:10 오, 주여, 내가 그렇게 하지 않았습니까? 오, 주여, 나는 그렇게 했습니다. 하나님의 은총 입어 나는 이전의 나의 모든 죄들을 증오하게 되었습니다. 또 다른 무엇이 있습니까? 하나님의 방식은 좀더 많은 것을 요구하시니, "향수를 공물로 바치고, 멋진 화환의 제사를 드리고, 다시는 없을 살찐 제물을 한껏 드려라"하셨습니다. 외경전도서 38:11 그리고 주여, 하나님의 은총에 힘입어, 나는 하나님이 나에게 맡기신 작은 것의 일부를 떼어, 하나님을 대신하여 사람들에게 그것을 주었습니다.

그리고 이제 하나님의 방식대로 하나님의 발걸음을 따라, 나는 "의사에게 나를 맡겼으니, 하나님이 의사를 창조하셨고, 내가 그를 필요로 하니, 하나님은 의사가 나를 떠나지 않게 하십니다". 외경전도서 38:12 그래서 나도 의사를 부르라고 사람을 보냈고, 의사가 나에게 와서는 베드로가 하였던 말, "예수 그리스도가 너를 낫게 하리라"사도행전 9:34라는 말을 들을 것입니다. 나는 그가 오기를 기다립니다. 그리고 "주의 능력이 나를 치료할 때 임재하시기를"사도행전 5:17 바랍니다.

기도

오, 전능하신 자비의 하나님. 건강과 강건함의 하나님. 하나님이 부재하시면 모든 건강은 죄의 연료일 뿐이고, 모든 강건함은 죄의 풀무에 지나지 않습니다. 나는 맹렬히 두 가지 병〔육체와 정신〕을 앓고 있으니, 하나님이 추천하시는 육체와 정신의 두 의사가 필요합니다. 나는 하나님이 명령을 따라 두 의사 앞으로 나아가 하나님의 이름을 찬양하고 하나님을 영광되게 하는 일을 할 것입니다.

두 경우 모두에서 하나님은 인간을 보살피고 도와줍니다. 외경전도서 38:1~2 하나님은 하늘, 곧 새로운 예루살렘에서조차 천국의 나무 한 그루, "생명의 나무"를 발견하시고 기뻐하셨으니, "그 나무의 잎들은 나라들을 치료하는 데 쓰이기 때문입니다". 요한계시록 22:2 하나님이 계신 곳에는 생명이 있으니 하나님은 곧 생명이 되십니다. 하나님의 도구들을 사용하시어 우리에게 주신 모든 종류의 건강은 모두 하나님으로부터 비롯되었으니, "하나님은 바벨론을 치료하셨을 수도 있었으나, 바벨론은 치료되지 않습니다". 예레미야 51:9

오, 주여, 나로부터 바벨론의 타락과 방자함과 고집을 거두시고, 나의 영혼이 말하는 성령을 들으시고, 오, 주여, 나는 낫기를 원하오니 나를 고치시소서. "에브라임(Ephraim)이 자기의 병을 깨닫고, 유다(Judah)가 자기의 상처를 깨닫자, 에브라임은 앗수르(Assyrian)로 가서 야렙(Jareb) 왕에게 사람을 보냈으나, 그 왕이 능히 너를 고치지 못하겠고, 너의 상처를 낫게 하지 못할 것이다"호세아 5:13 하신 주여, 영혼을 위한 교회와 육체를 위한 의술에서 하나님이 정해놓은 방법들을 사용하지 않아 영혼과 육체를 치료하는 데 잘못된 기술을 사용하는 사람들로부터 나를 보호하여 주소서.

영혼의 건강이 미신으로 지속될 수 없고, 육체의 건강이 마법으로 강건하여질 수 없습니다. 오, 주님, 오직 하나님만이 영혼과 육체의 주인 되십니다. 하나님만이 홀로 영혼과 육체의 주인

되시고, 하나님의 아들 예수는 의사로 육체와 영혼의 시술자입니다. 예언자 이사야가 말하기를, "그가 채찍에 맞음으로, 우리가 나음을 입었다"이사야 53:5고 하였으니, 그가〔예수〕 채찍에 맞기도 전에 우리는 이미 구약에서 그가 채찍 맞음으로 낫는 은혜를 입었습니다. 실제로 예수가 고통받았던 일로 나는 이미 그 효과를 보았는데, 나는 얼마나 더 낫는 은혜를 받아야 합니까? 예수의 향유로 고칠 수 없는 곳이 나에게 있습니까? 예수의 피가 채울 수 없는 혈관이 나에게 있습니까?

"그 땅을 고칠 것이다"역대하 7:14라고 하나님이 약속하셨지만, 하나님이 고치신 때는 땅의 거주자들이 기도하였을 때였습니다. 그들의 "물"을 치료해주시겠다고 하나님이 약속하셨지만, 하나님은 말씀하시기를, "그들의 갯벌과 정체된 물은 고치시지 않겠다"고 하셨습니다.에스겔 47:11 만일 내가 다시 죄를 짓는다면, 하나님은 나의 재차 죄지음을 용서하지 않을 것입니다.

오, 나의 하나님, 회개의 눈물을 보시고 이 "땅"을 치료하소서. 나는 하나님에 대해 부동의 확신을 가지고 있사오니, 모든 비탄, 모든 무기력, 모든 낙담으로부터 흘러나온 이 눈물, 이 "물"을 치료하소서. "하나님 아들은 두루 돌아다니며, 모든 병과 모든 악한 것을 고치셨으니",마태복음 4:23(어떤 병도 못 고칠 것이 없고, 어느 것도 어렵지 않아, 예수는 지나치면서 병들을 고쳤습니다) "이는 능력이 예수께로 나서 모든 사람을 낫게 함이니",누가복음 6:19 예수는 사람의 전신을 건전케 하셨고,요한복음 7:23(예수가 못 고칠 사람이 없다) (예수가 직접 말하듯이) 예수는 병의 흔적도 남기지 않았습니다. 이 만유의 "의사"가〔병들이 머무는〕 이 "병원"을 지나치시며 나를 둘러보시지 않겠습니까? 나를 치료하시지 않겠습니까? 나를 온전히 치료하시지 않겠습니까?

주여, 하나님이 히스기야(Ezechias)에게 하셨듯이 나에게도 하나님의 사자를 보내시어, "내가 너를 낫게 하리니 네가 3일 만에 여호와의 전에 올라갈 것이다"열왕기하 20:5라고 말씀하시리라고는 생각지 않습니다. 모세(Moses)가 미리암(Miriam)을 즉시 낫게 하고 싶어할 때, 하나님은 미리암을 대신하여 모세에게, "만일 그녀의 아비가 그녀의 얼굴에 침을 뱉었다면, 그녀가 7일간 부끄러워하지 않겠느냐? 그런즉 그녀를 진 밖에 7일을 가두었다가, 그 후에 돌아오게 하라"민수기 12:14고 말씀하셨듯이 나에게도 그렇게 말씀하시리라고는 생각하지 않습니다.

그러나 만일 하나님이 나의 죄의 숫자(그 무엇보다 나의 죄의 숫자는 무한합니다)를 들어 7일이란 숫자를 즐겨 반복하신 것이라면, (그리고 일곱은 무한수입니다), 오늘부터 숫자를 세어 "더 이상 날이 없을 때까지"〔심판의 날〕 나를 진 밖에 내버려두려 하신 것이라면, 하나님 교회의 비밀들을 나에게 알려주시어 나를 영적 건강으로 봉인하시고, 나의 일시적인 건강을 위해 이 병을 치료하는 손길들이 하나님을 가장 영광되게 하시며, 하나님의 종들이 하는 일을 돕는 사람들을 교화시킬 수 있는 그러한 방식과 조치로 하나님의 예식이 그들에게 영적으로 이익이 되게 하소서.

5

의사가 오다

Solus adest

묵상

병이 가장 비참한 이유는 "홀로 있어야 하기" 때문이다. 병의 전염성이 우려되면 환자를 돌보아야 할 사람들조차 환자 가까이 하기를 꺼려한다. 의사조차 오기를 꺼린다. 지옥에서조차 홀로 있는 고통은 가하지 않는다. 최초로 일하셨던 분이신 하나님과 하나님이 최초로 사용한 도구인 자연은 "비어 있는 것"을 허용하지 않는다. 세상에 비어 있는 것은 아무것도 없다. 하나님과 자연은 빈 것과 다름없는 홀로 있는 "외로움"을 좋아하지 않는다.

내가 죽어 나의 사체에 전염성의 위험이 있다면 나를 땅에 묻는 조치가 취해질 것이고, 나의 병에 전염성이 있어 나의 곁에 아무도 오려고 하지 않는다면 나 홀로 남겨두는 일 이외에 달리 조치할 것이 없을 것이다. 병이 확대되는 것이 두려워 오기를 꺼려한다는 변명이 허용될 수 있다. 병자에게 왔다가 전염병의 매개자나 보균자가 되어 다른 사람들에게 병을 옮길 수도 있기 때문에 전염병 환자에게 오는 것이 금지된다. 그렇게 병이 환자를 사회로부터 추방시키고 종교로부터는 파문시켜서 환자는 모든 교제뿐 아니라 자선조차 받을 수 없게 된다. 장기간의 투병은 친구들을 지치게 만들고, 전염병은 처음부터 친구들로부터 멀어지게 만든다.

하나님은 한 분이시지만 여러 인격을 갖추고 계시는 까닭에 하나님도 그 자신과 "교제하시는 분"이라고 할 수 있다. 하나님의 외부활동을 보면 그분이 사람들이 모이는 것과 친교를 좋아하시는 것을 알 수 있다. 천국에는 천사들의 집단인 순교자들의 무리가 있고, 천국의 집에는 많은 저택들이 있다. 그리고 지상에 있는 가족들, 도시들, 교회들, 대학들은 모두 단수가 아닌 "복수"이다. 그리고 이들 천국과 지상의 어느 하나도 홀로는 만족하지 못하여 두 곳의 요소들이 서로 섞여있다.

지상과 천상의 연합이라고 할 수 있는 성인들의 집단은 전투교회와 승리의 교회를 하나의 교구로 만든다.+ 그리스도는 땅에 계실 때 어느 교구에도 속하지 않으셨고, 우리의 육체를 입으시고는 어느 종교 단체에도 속하지 않으셨다. 하나님은 자신이 만든 모든 것이 보기에 좋았지만 아담이 홀로 있음이 좋지

+ 전투의 교회란 지상에서 죄와 전쟁을 벌이는 기독교인 집단을 말하고, 승리의 교회란 지상에서 전투를 벌인 기독교인들이 승리하여 하늘로 올라간 구원받은 영혼들 집단을 말한다.

않음을 아시고, 자신의 작품에 결함이 있다고 생각하시어 이브를 만드셨다. 이브는 "숫자"를 늘리는 일에 있어 자신을 더하였을 뿐 아니라, 더 많은 수를 늘리는 일을 하였다. 번식이 불가능하여 늘어날 수 없는 천사들은 처음부터 많은 수로 만들어졌다. 별들도 그러했다. 그러나 이 세상에 존재하는 모든 것들은 "수가 증가"하는 축복을 받았다.

내 생각에 불사조가 없다는 생각이 외람된 것 아니다. 이 세상 딱 하나만 있는 것 없고 혼자만 있을 수 있는 것도 없다. 자연을 유산으로 받은 인간은 이 세상에는 오직 "하나만" 존재하는 것이 있다고 생각할 수 없으니, 이 세상만이 유일한 세상은 아니고, 모든 행성과 모든 별도 이 세상과 같이 또 다른 세상이다. 세상 모든 종들은 복수이고, 세상도 복수라고 할 수 있다.

혼자 있기를 거부하는 사람은 외롭지 않다. "하나님", "자연" 그리고 "이성"은 모두 하나뿐인 것과 홀로인 것에 반대한다. 어리석게도 병을 종교와 같이 잘못 생각하고 있는 전염병에 걸린 환자는 독신을 서약한 수녀나 신부와 같이 모든 사람들로부터 멀리 떨어져 홀로 지내는 까닭에 그 누구와도 교제하지 않아서 어느 누구에게도 득이 되지 않는다. 하나님은 두 개의 유언서, "두 개의 성서"를 가지고 계시는데, 성인들 무리와 함께하기 위해서 우리는 모든 선한 행동을 배제할 정도로 홀로 있어야 한다는 이야기는 하나의 기획안으로서 하나님이 말씀하시지 않은 부록이다. 그것은 성서의 본문에는 없는, 하나님이 말씀하시지 않은 부록으로, 사람들이 꿰어 맞추고 추가한 것이다.

홀로 남겨져 홀로 있음은 마음의 병으로, 육체적 전염병이 최고조에 달하였을 때와 같다. 전염병으로 침대에 홀로 남겨져 있으면 무덤 안에 있는 것과 다름없거나, 더 나쁘다. 무덤 안에 있거나 전염성이 있는 병상에 있거나 모두 홀로 있어야 하지만, 침상에 있을 때 나는 홀로 있음을 알고 느끼지만, 무덤 안에서는 알지도 못하고 느끼지도 못할 것이다. 병상에서 나의 영혼은 아직 병든 육체 속에 들어 있지만, 나의 무덤에서는 그렇지 않을 것이다.

논의

오, 하나님, 나의 하나님, 하나님의 아들 예수가 "네 오라비가 다시 살리라" 말씀하시자, 마르다가 가로되, "마지막 날 부활에는 다시 살 줄을 내가 압니다"라고 항의할 때, 요한복음 11:23 예수는 그녀를 나쁘게 생각하지 않았습니다. 그때 그녀는 오빠를 잃고 슬퍼하고 있었습니다. 오, 나의 하나님, 나를 나쁘게 생각지 마소서.

혼자 있는 것이 하나님의 사람들에게 하나의 축복이요, 귀히 여김의 증거라 생각하시어, "이들 백성들은 홀로 있게 될 것이라, 그들을 열방 중의 하나로 여기지 않으리라"민수기 23:9 (이들 백성들은 열방을 지배하게 될 것이기 때문이다) 말씀하시고, (적의 침입을 받지 않고) "이들은 홀로 안전히 살아갈 것이다"신명기 33:28 라고 말씀하셨지만, 하나님은 둘이 하나보다 더 낫다고도 말씀하셨음을 기억하시기 바랍니다.

그리고 "혹시 저희가 넘어지면, 그 중 하나가 그 동무를 붙들어 일으키려니와, 홀로 있어 넘어지고 붙들어 일으킬 자가 없는 자에게는 화가 있으리라"전도서 4:10 고도 말씀하셨으니, 그가 쓰러져 병상에 누워있을 때 그를 홀로 두지 마옵소서.

"의로움은 영원하다"외경 솔로몬의 지혜 1:15 라고 지혜로운 솔로몬이 말하였음을 기억하지만, 하나님 아들 예수의 의로움을 입은 자라도 죽지 않고 영원할 사람은 없습니다. 의로운 자도 죽었기 때문입니다. "의로움의 아들", 하나님의 아들 예수는 여러 번, 그것도 매우 여러 번 홀로 있어 외로웠지만, 그때마다 그가 처한 상황을 거부하지 않았고 마땅치 않게 생각하지도 않았습니다. 마태복음 14:23

예수는 언제나 "열두 군대도 더 되는 천사들"을 자신이 하는 일에 사용하셨지만, 천사들을 사용하지 않으실 때조차 혼자가 아니었습니다. 예수는 "내가 혼자 있는 것이 아니요, 나를 보내신 이가 나와 함께 계심이라"고 말씀하셨습니다. 요한복음 8:16 나 또한 항상 하나님과 그의 아들 예수와 함께 있어 두렵지 않습니다.

그러나 "내가 사랑하는 사람들과 나의 친구들이 나의 병 때문에 나를 멀리하고 나의 친척들도 나를 멀리하고 있으니"시편 38:11 이 병으로 나의 친구들이 나를 멀리하다가 끝내 나를 떠나지 않을까 두렵습니다. 하나님을 바라볼 수 있는 은총을 허락하신 순간부터 하나님이 나를 마음에 두고 계심을 의심하지 않았지만, 사람들이 병으로 많이 변한 나를 보고 실망하여 이상한 말들을 할 때, 이러한 깨달음, 이러한 마음 그리고 이러한 기억이 모두 사라져 버리는 것은 아닌지 나는 알 수 없습니다.

"하나님은 그 누구와도 함께하시지 않고 오직 홀로 그분하고만 포도즙 틀을 밟을 수 있는 분"이사야 63:3이시니, 그분은 축복받으신 전능하신 하나님의 아들이십니다. 나는 하나님 없이 홀로 이 고통을 감당할 수 없습니다. 하나님은 성령이시니 성령이 없다 하여 홀로가 아니며, 영과 속세의 의사는 하나님이시니 하나님이 함께하시면 나에게 의사가 없는 것이 아닙니다. 혈연이나 우정의 끈으로 나의 사람 된 사람들 모두 나의 사람들입니다.

그러나 만일 하나님이나 하나님의 사람들 또는 나의 사람들이 나를 버린다면, 나는 홀로 남게 되고, 홀로 남게 되면 나는 불행할 것입니다. 엘리야(Elias)는 그러한 걱정으로 용기를 잃고 "오직 나만 남았다"고 말하였고, 열왕기상 19:14 마르다(Martha)는 그런 걱정으로 "예수께 나아가 가로되, 주여 나의 여동생이 나 홀로 일하게 한 일을 전혀 개의치 않으십니까?"누가복음 10:40라고 말했습니다. 예레미야(Jeremiah)는 도성보다 높은 곳으로부터 "아, 슬프다, 예전에는 사람들로 그렇게 붐비더니, 이제는 이 도성이 어찌 이리 적막한가!"예레미야애가 1:1라는 말 이외에 달리 그의 "애가"를 시작할 수 없었습니다.

오, 나의 하나님, 하나님은 문둥병자로 하여금 "홀로 살도록" 저주를 내리셨습니다.[레위기 13:46] 내가 홀로 죽어야 할 정도로 나의 영혼이 문둥병에 걸렸습니까? 나는 하나님 없이 홀로 죽어야 합니까? 장차 나의 육체가 문둥병과 같은 병을 앓는다면, 나는 홀로 죽어야 합니까? 나를 도와주거나 위로해 줄 사람이 없이 나 홀로 죽어야 합니까? 나의 항의가 너무 미약합니까? 나의 항의는 "너, 모세(Moses)만 여호와께 가까이 나오라"[출애굽기 24:2]는 말씀으로 대신하여야 합니까? 타인들의 외로움, 방치, 버림받음을 보고 나서야 우리는 가장 외로울 때 함께하시는 하나님을 가장 잘 찾게 됩니까?

하나님은 "홀로" 있을 때까지 야곱(Jacob)을 찾지 않으셨고, 그가 홀로 있음을 보시고 "그와 씨름할 때에 그가 골절상을 입게 하시었습니다".[창세기 33:24] 나는 그 말씀을 기억하고, 그 예를 따라야 합니까? 친구들과 의사들로부터 버림받아 방치되어 있는 사람은 하나님과 홀로 남게 됩니다. 하나님은 야곱과 같이 홀로 남은 인간의 "양심"과 씨름하여 그의 양심에 "골절상"을 입히시는 것입니까?

인간은 감히 하나님의 얼굴을 마주 보지 못하기 때문에, 하나님이 세속과 영의 종들과 함께하실 때, 그들을 위로하거나 성찬식을 행할 때 그와 같이 간접적인 방식으로 나타나시는 것입니까? 그러나 "진정한 친구는 생명을 살리는 의사이니, 하나님을 두려워하는 자가 그 친구를 발견할 것이다"[외경전도서 6:16]라고 하였습니다. 하나님은 나의 진정한 친구이기도 하고, 의사이기도 한 사람을 나에게 보내주셨습니다.

기도

오, 영원하시고 자애로우신 하나님, 죄 많은 도시들 위로 하늘로부터 불을 내리시고, 예레미야 32:29; 아모스 2:5; 에스겔 39:6; 호세아 8:14 딱 한 번 "불평하는 자들"을 삼키시려고 땅의 입을 벌리셨으며, 민수기 16:30 죄인들 위로 "실로암에 있는 탑"(*Tower of Siloe*)을 무너뜨리셨지만, 누가복음 13:4 "인자"〔예수〕와 그가 이 세상에서 일할 수 있도록 "조력자"〔성령〕까지 보내주시는 자비를 베푸셨습니다. 그러한 방식을 한 번이 아니라 반복하셨습니다.

이처럼 오랜 병으로 이 땅에서 허약하게 살아가게 하시든, 아니면 죽음으로 몰아 지상으로부터 마지막 정착지로 나를 떠나가게 하시든 어느 것이 하나님의 의지일지 알 수 없으나, 그 두 상황에 적합한 도움을 저에게 허락하여 주십시오. 그러한 방식으로(그리고 하나님이 영광받으실 모든 식으로) 하나님이 영광을 받으시려고 하신다면, 전염병에 걸려 나를 보러오고 싶어하는 자들을 막으시거나, 나를 보러오는 자들을 위험에 처하지 않도록 이 육체를 보호함으로 홀로 영광받으십시오.

그리고 하나님이 나를 사랑하시어, 하나님이 나를 "죽는 날까지" 그리고 "죽어서도" 사랑하시리라는 믿음을 나는 물론 다른 사람들도 가질 수 있도록 이 영혼이 모든 거짓된 신념으로부터 흔들리지 않게 지켜주시옵소서. 내가 허약할 때 하나님에 대한 나의 신앙에 상처를 내려하거나, 내가 죽은 후 험담하는 거짓 소문으로 나를 기습적으로 공격하여 자신의 잘난 모습을 보이려 하는, 어떤 "밀고자"도 나의 문, 나의 가슴, 나의 귀, 나의 집 가운데 어떤 것도 열고 들어오지 못하게 하소서.

나의 구원자 되시고, 나를 대신하여 나의 구원을 항변하여 주소서. 구원을 행하시고, 구원을 공표하소서. 나는 하나님의 승리자 될 것이오니, 내가 죽을 때까지 그리고 죽는 순간에도, 하나님은 나의 하나님이시고, 나는 하나님의 종이었음을 전투의 교회가 확증하게 하소서. 하나님이 보내시어 나를 돕게 하신 인자〔예수〕의 가르침과 노고를 축복하소서.

하나님은 나의 손을 잡아 그의〔예수〕 손에 나를 맡기셨으니(나는 하나님의 이름으로 그에게 갔고, 그는 하나님의 이름으로 나에게 오셨다), 열악한 어떤 상황에서도 나는 그에 대한 나의 희망과 하나님에 대한 기도를 멈추지 않을 것입니다.

나는 다음 두 가지로 나의 모든 청원의 말을 대신하렵니다. 하나님의 왕국이 도래하여 하나님의 뜻 이루시고, 하나님의 방식으로, 하나님의 때에, 하나님이 관여하시어 예수를 널리 알리시고, 나를 구하소서. "아멘."

6

의사가 두려워하다

Metuit

묵상

의사가 병을 살펴보는 성실함으로 나는 의사를 살펴본다. 의사가 나의 병에 대하여 두려워하고 있으니 나 역시 두렵다.+ 나는 의사보다 두렵다. 아니, 훨씬 더 두렵다. 그의 두려움의 강도가 느슨해지자, 나는 더욱더 두렵다. 그가 그의 두려움을 감추고 있기에 나는 더 두렵다. 그가 자신이 두려한다는 사실을 내가 알기 원하지 않기에, 나는 더 그의 두려움을 놓치지 않으려 한다.

그의 두려움이 그가 의술을 실행함에 방해가 되지 않을 것임을 나는 안다. 그러나 나의 두려움은 그의 의술의 실행과 결과에 영향을 미칠 수도 있다는 것을 그는 알고 있다. "비장"

+ 이 장에서 던(Donne)은 영어 "fear"의 뜻을 두 가지로 사용하고 있다. 보통은 "두렵다"의 뜻으로 사용되나, 하나님과의 관계에 대하여 말할 때, 그는 "경외하다"와 "두렵다"의 두 가지 뜻을 사용하고 있다.

(spleen)의 문제가 육체의 모든 병과 서로 엮이어 있듯이, "두려움"은 마음의 모든 작용과 상태와 관련이 있다.+ 육체에 들어있는 바람이 여러 병들로 오인되어 결석처럼 보이거나 중풍과 같이 생각되듯이,++ 두려움은 모든 형태의 마음의 병과 관련이 있다.

두려움의 정서는 소유욕이라 할 욕망에서 나온 것 같지만, 사실은 상실할까 두려워하는 시기와 의심에서 비롯된 것이다. 우리를 두렵게 만드는 사람들은, 보통 사람들이 보기에, 위험을 경멸하고 위험을 평가 절하하는 용기를 가진 사람들처럼 보이지만, 사실 그들은 여론과 평판이 과대평가된 것을 두려워하고, 그들을 상실할까 두려워한다.

우울증에 걸린 사람은 사자를 두려워하지 않으나 고양이를 두려워하고, 배고픔은 두려워하지 않으나 식탁 위에 놓인 고깃덩어리는 두려워하고, 북소리와 나팔소리와 총소리와 같이 듣고 싶지 않은 소리들과 인간의 마지막 절규 등은 두려워하지 않으나 특정한 아름다운 악기소리를 두려워한다. 그것도 매우 두려워하여, 예를 들어, 적군이 달리 공격하였다면 굉장히 용감했

+ 17세기 의학에서 비장, 곧 지라는 마음과 연결되어 있어서 우울증을 낳고 우울증은 두려움을 낳는다는 견해를 갖고 있었다.

++ 육체에 들어있는 바람은 육체 안의 폐쇄된 통로에 모인 공기 종양이라 생각되었다. 육체 속 바람은 공기 주머니들과 같은 습도덩어리들로 통풍으로 잘못 여겨지고, 결석으로 오해되기도 하였다.

을 사람을 이 악기소리 하나로 전쟁터로부터 그를 몰아낼 수 있을 정도이다.

나는 두려움이 무엇인지 모를 뿐더러, 내가 지금 무엇을 두려워하고 있는 것인지도 모른다. 나는 나의 죽음의 가속화를 두려워하는 것이 아니라, 병이 악화되는 것이 두렵다. 내가 병의 악화를 두려워하지 않는다고 말한다면 나는 자연을 기만하는 것이고, 내가 죽음을 두려워하지 않는다고 말한다면 나는 하나님을 기만하는 것이 된다.

나의 약점은 단지 주어진 것만을 사용하는 자연으로부터 나온 것이고, 나의 강점은 무한히 소유하시고 무한히 분배하시는 하나님으로부터 나온다. 차가운 대기 모두가 습도가 아니고 떨림의 모두가 놀람이 아니듯, 두려움의 모두가 "두려워하는 의미"를 지닌 것 아니고, "원하지 않는 것" 모두가 실행하지 않겠다는 것 아니고, 모든 토론이 해결책을 내놓는 것 아니듯, 그렇게 되지 않기를 바라는 모든 소망이 설령 이루어지지 않더라도 나는 투덜거리거나 낙담치 않겠다. 그러나 나의 의사의 두려움이 그의 의술에 방해가 되지 않듯이, 나의 두려움이 하나님과 타인들과 나 자신으로부터 영적이고 사회적이고 도덕적인 도움과 위로 받는 것을 방해하지는 않는다.

논의

나의 하나님, 나의 하나님, 성경을 보면 두려움은 "숨 조이는 기운"이요 "숨 못 쉬게 하는 기운"으로, 이스보셋(Ishbosheth)은 두려워서 아브넬(Abner)을 변호하는 말을 한마디도 하지 못하고 묻는 말에 대답도 할 수 없었습니다.사무엘하 3:11 하나님의 종 욥은 하나님에게 무엇인가 말하기 전, "주께서 그 막대기를 내게서 거두시고, 그 위엄으로 나를 두렵지 않게 하기를 바랍니다. 그리하시면 내가 두려움 없이 말하겠습니다. 나는 본래 그런 자가 아닙니다"욥기 9:34~35라 말합니다.

하나님은 나를 두렵게 하여, 하나님에 대한 나의 헌신을 받지 않으려 하십니까? 하나님에게 말하라 하시고, 하나님을 또한 두려워하라고 하시면, 이 두 명령에 모순이 있지 않습니까?

나의 하나님, 하나님과 함께하면 모순이 없고 해결하지 못할 것이 없습니다. 나의 "빛"이시고, 나의 "명료함"이시고, 나의 "태양"이시며, 나의 "달빛" 되시는 하나님. 내가 번창하고 자신감 넘치는 시절에 나를 인도하셨듯이, 내가 역경과 두려움 가운데 있을 때도 나를 인도하소서.

늘 하나님께 "아뢰라" 하시는데, 그렇다면 언제 내가 하나님을 두려워하여야 합니까? 늘 나는 하나님께 아뢰니다. 청원하는 자를 "무례하다"고 꾸짖을 때가 언제입니까? 하나님은 판결을 내린 재판관 우화를 들어 "이 과부가 나를 번거롭게 하니 내가 그녀의 원한을 풀어주리라. 그렇지 않으면 늘 와서 나를 괴롭게 하리라"누가복음 18:5고 말씀하셨습니다. 그러나 그 우화에서 하나님이 우리에게 분명히 말씀하고 계신 것은 우리의 끈질긴 조름이 번거롭다는 것이 아니라, "우리가 항상 기도하여"누가복음 18:1하나님을 번거롭게 한다는 말입니다.

같은 의도로, "너희 중에 누가 벗이 있는데, 한밤중에 벗에게 가서 말하기를, 벗이여, 떡 세 덩이를 나에게 빌려 주어라. 내 벗이 여행중에 내게 왔으나, 내가 먹일 것이 없노라 하면, 그가 안에서 대답하여 이르되, 나를 괴롭게 하지 말라, 문이 이미 닫혔고, 아이들이 나와 함께 침소에 누웠으니, 일어나 네게 줄 수가 없노라 하겠느냐?"누가복음 11:5~7라고도 말씀하셨습니다.

우리가 청하면 주시리니, 하나님은 우리가 청하는 일을 무례하다 생각지 않으십니다. 우리가 한밤중에 침상에서 기도할 때, 〔오늘은 아니고〕 "내일 네 침대 곁에 다시 무릎 꿇고 네가 기도할 때 내가 들으리라"라고 하나님이 말씀하시지는 않을 것입니다. 우리가 아무 때나 아무 곳에서나 무릎 꿇고 기도할 때, 〔지금 이 곳이 아니라〕 "교회"에서 일요일에 기도하라 그러면 들으리라 그렇게 하나님께서 말씀하시지는 않을 것입니다.

하나님은 지체하시는 분이 아니시고, 앞서서 행하시는 분도 아니시며, 기도할 때가 따로 있는 것 아니니, 하나님은 잠드시거나 부재하신 때가 없습니다. 그러나 오, 나의 하나님, 내가 〔그렇게 때와 장소 구별 없이 기도하는데〕 언제 하나님을 두려워할 수 있겠습니까? 언제 어디서나 하나님에게 다가가는데, 어떻게 내가 하나님을 두려워할 수 있겠습니까?

나의 이 질문이 지나칩니까? 〔하나님에게〕 다가가는 일보다 〔하나님에게〕 그러한 질문을 하는 것이 나에게는 더 용기가 필요한 일입니다. 하나님을 두려워하지만 나는 하나님께 질문합니다. 그리고 하나님을 두려워하지 않았다면 하나님께 질문하지도 않았을 것입니다. 하나님을 제외한 그 누구도, 그 무엇도 두려워하지 말라고 하신 것처럼, 우리는 늘 하나님을 두려워해야 한다고 하나님은 말씀하셨습니다. 그 누구도? 그 누구도 두려워하지 않습니다. 누구를 두려워하겠습니까?

"여호와는 나의 빛이요, 나의 구원이시니, 내가 누구를 두려워하겠습니까? 나의 강한 적들을 두려워해야 합니까?"시편 27:1~2 나는 강한 적들을 두려워하지 않습니다. 하나님을 두려워하는 사람들은 두려워할 적이 없으니, "그 땅 백성을 두려워하지 말라. 그들은 우리의 밥이다"민수기 14:9라고 하셨습니다. 그들〔적들〕은 우리를 "먹지"〔어찌하지〕 못할 뿐 아니라, 우리의 "밥"을 먹지 못할 것이고, 우리의 밥이 될 것입니다.

왜 우리가 그들을 두려워해야 합니까? 이 말씀은 우리를 집어삼키려는 강한 적들과 싸워 승리한다는 "비유적 의미의 밥"으로 사용되고 있기는 하지만, 글자 그대로 우리가 "밥"〔식량〕을 구하지 못할까 두려워하는 일 또한 없겠습니까? 우리가 강한 적들을 두려워하지 않는다 하여도, 기근은 또한 두려워하지 않겠습니까? "젊은 사자들은 궁핍하여 주릴지라도, 여호와를 찾는 자는 모든 좋은 것에 부족함이 없으리다"시편 34:10라고 말씀하셨으니, 전혀 부족함이 없겠습니까? 일이 잘 풀리고 있는 가운데에서도 안 좋은 때가 곧 올지 모른다고 두려워하지 않겠습니까?

하나님의 종 다윗(David)은, "환난의 날에 내가 왜 두려워하랴?"시편 49:5라고 말합니다. 비록 자신의 죄로 환난의 날에 이르렀지만, 그는〔다윗〕 그날을 두려워하지 않았습니다. 전혀? 그 환난이 그를 죽음에 이르게 할지라도 그는 두려워하지 않았습니까? 그는 죽어가면서도 두려하지 않았습니다. 폭력, 악의 그리고 자신의 죄로 죽음에 이르게 될지라도 그는 두려워하지 않았습니다. 네가 하나님을 경외한다면, "사형선고를 받더라도 두려워하지 마라"외경전도서 41:3 하셨습니다.

오, 나의 하나님, 하나님을 두려워하고 타인들을 두려워하지 말라하신 하나님, 타인들이 우리를 두려워하게 하소서. 헤롯(Herod)이 요한(John)을 의롭고 거룩한 사람으로 알고, 두려워하여, 보호하였습니다. 마가복음 6:20 오, 나의 자비의 하나님, 얼마나 "완전하게", 그리고 오, 나의 멋지고 유연하신 하나님, 얼마나 "부드럽게", 하나님은 나를 하나님에 대한 두려움으로부터 풀려나게 하였는지요?

여호와의 친밀함이 경외하는 자에게 있다시편 25:14고 말씀하실 때, 하나님이 의도하신 것이 이것이 아니었습니까? 그 친밀함은 경외함을 바르게 사용하여 생겨난 신비이니, 여호와 경외하기를 깨달으면, 하나님을 알게 됩니다.잠언 2:5 여호와의 친밀함으로 이득을 얻으리라 말씀하실 때, 하나님은 이 점을 의미하신 것이 아닙니까? 친밀함을 알고, 그 친밀함의 보호를 받으며, 그 친밀함의 안내를 받는 자는 낙담치 않을 것입니다.

그리고 "유다(Judea)의 교회가 하나님을 경외함으로 나아갔다"사도행전 9:31라고 말씀하실 때, 하나님은 그 교회를 모범으로 제시한 것 아닙니까? 그들은 하나님의 친밀함을 알고 게을리 앉아 있지 않았으며 허약하게 쓰러지지 않았고 그 친밀함 아래에서 주저앉지 않았습니다. 하나님을 섬기는 사람을 허약하게 만드는 것이 두려움이니, "아담은 자신이 옷 벗었음을 알고 하나님이 두려워 숨었습니다".창세기 3:10

하나님을 경외하지 않는 자들은 모두의 먹이가 됩니다. "너희에게 두려움이 임할 때에 내가 비웃으리라"잠언 1:26라고 한 번 이상 말씀하셨듯이, 그들은 두려워할 때가 있을 것입니다. 그리고 하나님은 "저희가 두려워할 이유가 없는 곳에서 두려워하게 하겠다"시편 53:5; 14:5라고 한 번 이상 말씀하셨습니다.

두려움은 이전에 행한 악함에 대한 형벌로 더 많은 두려움을 불러오니, "하나님의 아들 예수 그리스도에 대하여, 무리들 중에 수군거림이 많아, 혹은 그가 좋은 사람이라 말하기도 하였지만, 유대인들을 두려워하여 드러내 놓고 예수에 대하여 말하는 자가 없었습니다. 요셉(Joseph)은 예수의 제자이나 유대인들을 두려워하여 말하지 않았습니다."요한복음 7:12~13 ; 19:38 그리고 예수의

제자들은 "유대인들을 두려워하여", 문들을 닫고 모임을 가졌습니다. 요한복음 20:19

오, 나의 하나님, 하나님은 어떤 궂은 날씨에도 우리가 안전하게 살아갈 수 있도록 안전판으로 우리에게 두려움을 주시었습니다. 그러나 하나님은 두려움이란 "황금"을 우리에게 안겨주듯이, 배를 안정케 하기 위해 배 밑에 두는 모래와 같이 우리에게 하나님에 대한 두려움을 주셨으니, "여호와를 경외함이, 바로 너의 보배이다"이사야 33:6라고 하셨습니다. 경외함을 가진 자는 인간으로 부족한 것 전혀 없으니, 하나님이 주시는 것에는 부족함이 없습니다.

하나님은 미온한 자들을 꾸짖어, "어찌하여 무서워하느냐? 믿음이 적은 자들아!"마태복음 8:26라고 하셨습니다. 하나님은 미온한 자들을 경멸하여 하나님의 예배에서 쫓으셨으니 기드온(Gideon)의 군대 가운데 2만 2천 명이 두려워 싸움터에서 돌아가고, 만 명만이 남았습니다. 사사기 7:3 하나님은 미온한 자들을 미리 아주 멀리 보내시어, 그들이 그곳으로부터 다시는 돌아오지 못하게 하셨습니다. "두려워하는 자들과 믿지 않는 자들은 불타는 호수에 던져지리니, 이것이 둘째 사망이다."요한계시록 21:8

그들이 두려워하는 것과 그들이 희망하는 것 모두를 하나님은 혐오하셨으니, 하나님의 종 욥(Job)이 말하기를, "그들은 희망하였기에 혼란스러웠다"욥기 6:20고 하였습니다. 그들은 잘못 두려워하였기에, 엉뚱한 데 희망을 두었고, 그들은 희망하였으나, 하나님의 뜻에 맞지 않았습니다. 마땅히 두려워해야 할 때에 그들은 하나님을 두려워하지 않았습니다.

그러나 나의 하나님, 나는 하나님을 두려워하오니, 나의 하나님은 나의 두려움이시고, 나의 하나님은 나의 희망이시니, "사랑"이고, "신뢰"이고, "평화"이고, 모두를 아우르는 "행복"의 모든 요소이고 성분입니다. 기쁨은 모두를 아우르고, 두려움과 기쁨은 공존하고, 아니, 서로서로를 구성하고 있습니다.

"여자들이 무덤에서 떠났다"마태복음 28:8고 하였을 때, 이 여자들 역시 열두 사도의 사도들이 되었고, 교회의 어머니들이 되었고, 교부들의 어머니들이 되었고, 교회 조상들의 어머니들이 되었고, 그들 자신이 사도들이며 부활의 천사들로, 그 여자들은 두려움과 기쁨에 휩싸여 예수의 무덤을 떠났습니다. 성경에 그들은 "달려서 떠났다"라고 말하는데, 그들은 "두려움"과 "기쁨"이란 두 다리를 가지고 달음질하였습니다. 그들 두 다리는 모두 올바른 다리였습니다.

오, 주여, 그들은 하나님으로 인해 즐거워하고 두려워하였으니, 오직 하나님만을 두려워하여 하나님 가운데서 기뻐하는 자들입니다. 아니, 하나님에 대한 두려움과 기쁨은 분리될 수 없습니다. 우리는 어느 곳에서나 "하나님을 두려워하라"는 부름을 받습니다. 모든 것의 뿌리가 되는 계명은 "너희 주 하나님을 사랑하라"입니다. 두려움과 기쁨 둘 모두를 행하지 않는 자는 그 가운데 어느 하나를 하지 않는 것이니, 모두를 행하는 자는 어느 하나도 생략하지 않습니다.

그리하여 하나님의 종 다윗은, "여호와를 경외함이 곧 지혜이다"시편 111:10라고 하였습니다. 그리고 그의 아들 솔로몬(Solomon)도 그 말을 되풀이했으니, 경외함과 지혜가 하나라고 생각하여, "여호와를 경외하는 것이 지혜의 뿌리이다"잠언 1:7라고 했습니다. 현명한 사람은 경외함이 없지 않고, 경외하는 행동이 없지 않습니다. 그래서 하나님은 모세(Moses)를 하나님의 사람들에게 보내어, "그들로 세상에 사는 날 동안, 나를 경외함을 배우게 하며, 그 자녀에게 가르치게 하라"신명기 4:10고 말씀하셨습니다. 힘겨운 재난의 날이 아니라 평화롭고 유쾌한 날, 구원의 확신이 있었던 노아(Noah)는 "아직 보지 못하는 일에 경고하심을 받아 경외함으로 방주를 예비하여 그 집을 구원하였습니다". 히브리서 11:7

다른 지혜는 없을지라도, 나는 이 점에 있어서는 지혜를 가져 부유하오니, 나는 하나님을 두려워하는 두려움에 사로잡혀 병상에 누워있습니다. 이 병을 하나님이 직접 고쳐주실 것이지만, 이 병은 "우연한 일"이 아니어서 내가 하나님을 두려워하오니, "하나님의 손에 떨어지는 것이 두려운 일"이기 때문입니다. 하나님은 하나님의 손을 내 위에 놓으시고, 하나님의 손으로부터 나를 놓지 않으시기에, 하나님에 대한 두려움〔경외함〕이 자연의 병에서 비롯된 모든 무질서한 두려움으로부터 나를 보호합니다.

기도

전능하시고 자비로우시며, 진정 슬퍼하시고 진정 기뻐하시며, 모든 두려움과 모든 희망의 근원이 되시는 하나님! 참회하지 않을 때 참회하게 하시었듯이, 오, 주여, 내가 두려워하지 않을 때〔하나님을 경외하지 않을 때〕 두려워하게 하소서〔경외하게 하소서〕. 착하고, 유연하고, 순종하는 마음을 주시어, 내가 기뻐하는 사람들과 기뻐하고, 슬퍼하는 자들과 슬퍼할 수 있게 하였듯이, 내가 두려워하는 자들〔경외하는 자들〕과 두려워하게 하소서〔경외하게 하소서〕.

병에 있을 때 예수를 두려워함〔경외함〕이 나에게 도움이 되도록 허락하시고, 병의 위험을 나에게 보여주셨으니, 오, 주님, 두려움 중 최악인, 이 세상 떠나는 일에 나 자신 맞추어 준비해야 할 일 생각할 수 있게 하시고, 그때에 두려움을 극복하는 일로 마음 쓰지 않게 하소서.

하나님으로부터 축복받은 순교자들 가운데 많은 사람들이 두려움 없이 이 세상을 떠났습니다. 그러나 하나님으로부터 축복받은 예수는 그렇지 못했습니다. 순교자들은 단지 인간들이었지만 인간들 이상의 일을 했으니, 하나님은 즐겁게 그들을 성령과 권능으로 충만케 하시었습니다. 하나님과 하나님의 아들 예수는 모두 예수가 하나님이라 하시었습니다. 그리고 예수는 자신이 "인간"이라 하였으니, 인간의 약점을 갖추어야 했습니다.

오, 나의 하나님, 이들 두려움으로 나를 부끄럽게 하지 마옵시고, 예수가 모든 것을 하나님에게 맡기는 순간에 그의 두려움이 종결되었듯이, 나도 나 자신을 맡기오니 나의 두려움들이 종결됨을 느끼게 하소서. 그리고 그때에 이 병의 열기가 나의 이전의 냉정함과 불충함을 불태워 녹게 하시고, 나의 이전의 열정들을 이들 땀들의 홍수로 식히시고, 나의 이전 뻔뻔함과 소홀함을 이들 두려움으로 고치게 하실 때, 오, 주여, 내가 하나님이 만든 사람으로서 하나님에게 적합하였다고 생각해 주소서.

이 육체가 이 세상의 옷을 입고 있어야 하는 것이 하나님을 기쁘게 하시든, 아니면 다음 세상을 위해 "평범한 옷장"〔관〕 속에 이 육체를 넣어야 하든, 이제 하나님이 선택하셔서 홀로 영광받으시고, 하나님의 아들 구세주 예수가 우리를 위해 사신 그 영광으로 그 육체를 영광되게 하소서. 예수가 부활할 때, 하나님은 인간들도 함께 부활할 것임을 증거로 보여주셨습니다. "아멘."

7

의사가 다른 의사들의 도움을 청하다

Socios sibi iungier instat

묵상

두려움이 많으면 두려워하는 이유도 그만큼 많다. 의사가 도움을 다른 사람에게 요청할 때, 환자의 걱정은 더 커지는 법이다. 병은 성장하지만, 병에도 "가을"은 있다. 병의 "가을"을 택할 것인가 아니면 "나"를 택할 것인가 하는 문제는 나의 능력 바깥에 있다. 그러나 나에 관련한 것은 병과 나 모두의 문제이다. 나의 병은 나 없이 살아갈 수 없으니, 나는 병보다 더 오래 살 것이다.

의사가 타인의 도움을 요청하는 경우, 그것은 그의 솔직한 심정과 그의 영리함을 보여주는 일이다. 병의 위험이 심각하여 의사가 다른 목격자를 필요로 한다면, 그의 행위의 절차는 정당하고, 그가 아무것도 숨기려 하지 않음을 보여주는 일이다. 그러나 병의 위험이 심각한 정도가 아니라면, 그런 행위는 그가 야심이 없음을 보여주는 일로, 그가 홀로 시작한 그 일의 영예와 감사를 타인과 나누려 하는 것으로 해석될 수 있다.

격정의 일부를 타인들과 나누었다고 해서, 군주(*monarch*)의 권위가 감소되는 것은 아니다. 하나님은 태양을 여러 개 만들지 않으셨지만, 빛을 주고받을 유성들은 많이 만드셨다. 로마인들은 한 명의 왕(*king*)으로 시작하여, 두 명의 집정관(*consul*)을 두었다가, 마지막에는 한 명의 독재자(*dictator*)에 이르렀다. 통치자(*sovereign*)가 한 명이든 여러 명이든, 모든 국가에서 통치는 모두 같고, 어느 한쪽이 더 위험한 것은 아니다.

의사들이 많으면, 신의 섭리도 더 다양한 법이다. 그와 같이 아무리 큰 문제라도 많은 협의를 거쳐 한 가지 의견으로 통일될 수 있는 국가는 그만큼 더 행복하다. 병들도 협의를 하면서 자신들이 어떻게 세를 늘리고, 어떻게 서로 결합하고, 어떻게 서로의 능력을 과시할 것인가를 공모하는데, 우리라고 여러 의사들을 불러 협의하지 못할 이유가 어디 있겠는가?

노인의 집 안으로 들어와 모습을 드러낸 "죽음"은 노인에게 왔다고 말하지만, 젊은이의 "등" 뒤에 서 있는 죽음은 아무 말도 하지 않는다. "나이가 들었다는 것" 자체가 하나의 "병"이다. 젊었을 때 죽음은 단지 복병으로 존재할 뿐이다. 우리가 노인이든 젊은이든 우리는 "보초"를 세워서 모든 불편들을 철저히 조사하기 위해 의사들을 필요로 한다. 무엇이나 우리를 죽일 수 있다. 머리카락 하나, 깃털 하나라도 우리를 죽일 수 있다. 아니, 죽음을 방어할 최상의 해독제조차 죽음을 불러올 수 있다. 최상의 강심제가 치명적인 독약이 될 수도 있다.

즐거워하며 죽는 사람들은 자신들이 웃으며 죽은 것을 바라보는 친구들에게 자신들을 위해 울지 말라고 한다. 왕의 높은 신분으로부터 비천한 평민으로 추락하는 슬픔으로도 죽지 않았던 티란 디오니시우스(Tiran Dyonisius) (내 생각에, 후에 일어난 일이 그에게 더 큰 고통이 되었다) 조차, 그와 함께 극장에 있던 사람들이 말하고 있듯이, 그는 훌륭한 시인으로, 그가 쓴 희곡에 대한 수상을 축하하는 술잔치에서 보잘것없는 기쁨 때문에 죽었다.

우리는 자주 "어떤 사람이 조금 더 살 수도 있었을 것이다"라고 말한다. 그렇다면 우리는 조금 덜 "죽을 수"도 있는가! 지지해주는 자들과 조수들은 많으면 많을수록 좋다. 어느 누가 중요한 소송에 단지 한 명의 지지자만 데리고 청문회에 나오겠는가? 우리는 우리의 장례식에 관여할 수 없으니, 우리 장례식에서 잔소리할 수 없고, 지휘할 수도 없다.

어느 민족들(특히 "이집트인들")은 죽어 무덤에서 더 오래 살아야 하기 때문에 집보다 무덤을 더 훌륭하게 지었다. 그러나 영국의 가장 위대한 "정복자 왕 윌리엄"은 그의 영혼이 떠나자, 그의 무덤을 지켜줄 사람은 고사하고 그의 무덤조차 남기지 않았다.

우리의 무덤을 누가 지켜줄 것인지 우리는 모른다. 그러니 할 수만 있다면 가능한 많은 사람들로부터 도움을 받도록 하자. 여러 명의 의사들이 번갈아 온다고 하여 그것이 이런저런 죽음의 징조나 징후는 아니다. 의사들은 이런 저런 방식으로 우리의 생명을 지켜주고, 우리를 도와주는 사람들이다. 그들은 우리가 위험을 두려워하도록 상상하게 만드는 사람들이 아니라, 위로함으로 이해를 깊게 하도록 하는 사람들이다.

한 사람은 지식을 이야기하고, 다른 사람은 근면을 이야기하고, 또 다른 사람은 종교를 이야기하는 방식으로 서로 다른 이야기를 하게 하지 말자. 많은 성분들이 처방전에 들어 있듯이, 모두가 한 가지 이야기를 하면, 많은 사람들이 한 가지 병에 많은 처방을 내릴 수 있다.

그러나 절실한 때에는 많은 도움이 필요하다는, 이 문제에 대하여 나는 왜 그토록 오래 생각하는가? 현재 아무런 병도 앓고 있지 않는 사람들의 고통을 위로하고 슬퍼하는 방식으로 나의 사고가 흘러가고 있는 것은 아닌가? 얼마나 많은 사람들이 나보다 심한 병으로 슬퍼하며 그들의 집의 병상에 누워서 죽어가면서도 더 이상의 도움의 소망도 없이, 그리고 살아있지만 더 이상의 나아질 희망도 없이 지내고 있는가?

그들은 그가 죽은 후 등기소 직원이 찾아오리라는 기대 이외에, 더 이상 의사를 볼 기회를 가질 수 없는 사람들이다. 그리고 그들의 죽음의 소식을 듣는 첫 사람은 그들을 매장할 매장인이 될 것이다. 도대체 누가 그들을 망각에 가두어 놓는 것인가? 그들의 죽음은 등기소에 사망자 숫자로 기록되어, 우리의 이름과 함께 생명의 책에서 그들의 이름들이 읽혀질 때까지, 우리는 그들의 이름들을 듣지 못할 것이다.

얼마나 많은 사람이 나보다 더 심각한 병으로 병원에 아무렇지 않게 방치된 채(모래 위에 남겨진 물고기가 파도에 밀려 그들에게 올 때까지 머물러야 하듯이), 의사들이 그들을 방문해줄 때까지 애타게 머물러 있어야 하는가? 의사들이 방문은 해주는가? 얼마나 많은 사람들이 우리 모두보다 더 병이 심각하건만, 그들을 돌봐줄 병원도 없고 누워서 죽을 병상도 없이, 행인이 보기엔 그들의 침상보다 못하고, 도로의 포석보다 딱딱한 묘석을 자신 아래 깔고, 자신들의 영혼이 떠나가는 것을 지켜보아야 하는가?

그들은 우리의 육체가 한 번도 맛본 적이 없는 빈약한 식사를 하여, 그들에게는 보통의 보리죽도 과분한 "약품"이 될 수 있고, 우리 하인들이 버린 음식물들조차 과분한 "해독제"가 될 수 있다. 그리고 우리 식탁의 오물들이 그들에게는 과분한 강심제가 될 것이다.

오, 나의 영혼이여, 만일 풍성한 하나님의 자비와 많은 조력자들이 제공되었음에도 하나님을 찬양할 만큼 깨어있지 않다면, 얼마나 많은 이들이 도움을 받지 못하고 있는지를 기억하고, 그들이 결핍한 것들이나, 또 다른 것들로, 그들이 결핍한 만큼 많이 그들에게 도움을 주도록 하여라.

논의

나의 하나님, 나의 하나님, 하나님의 축복받은 종 오거스틴(Augustine)은 하나님에게 간구하기를, 모세(Moses)가 직접 그에게 와서 〈창세기〉의 장소들의 의미를 말하도록 해달라고 했습니다.+ 나도 성경을 쓴 성령에게 묻고 싶은 것이 있습니다. 다윗(David)이 요압(Joab)의 군대로부터 소식을 기다릴 때, 파수꾼이 다윗에게 이르기를, "한 사람이 홀로 달려옴을 보았습니다"라고 말하니, 다윗이 그 정황을 미루어, "그가 만일 혼자면 그 입에 좋은 소식이 있으리라"사무엘하 18:25하였는데, 왜 다윗이 그렇게 말하였습니까?

나는 문법을 생각하여, 그 단어가 그렇게 의미하여, 좋은 소식이라고 해석하였지만,++ 그러나 논리적으로나 수사적으로 다윗이 어떻게 그가 "홀로"왔기 때문에 그의 소식은 "좋은" 것이라고 입증하고, 설득할 수 있었는지 나는 알 수 없습니다. 한 사람이 아니라 더 많은 무리들이 왔다면, 그들이 식량을 달라고 애걸하고 조르는 위험한 상황으로 간주할 수도 있겠지만 말입니다.

+ 《고백록》 Xi, iii.

++ 헤브라이어에서 "좋은 소식"을 뜻하는 "BESURAH" 와 "나는 출발한다"를 뜻하는 "BESURI"의 음성적 유사성에 근거하여, "달려오다"("나는 출발한다"와 같은 의미로 연상할 수 있다)는 "좋은 소식"을 의미한다고 할 수 있다.

그것은 그렇고, 내가 확신하기로, 사도 바울(Paul)이 디모데(Timothy)에게 "누가(Luke)만 나와 함께 있다, 누가만 있다"디모데후서 4:11라고 한 말은 "누가"를 제외하고 아무도 없다는 뜻으로, 그 말에는 불만과 슬픔이 느껴집니다. 비록 누가는 바울 사도가 행하는 그 위대한 일을 돕는 데 있어 능력과 의욕과 성실과 인내에 있어 모두 부족함이 없지만, 바울 사도는 그를 도와줄 사람이 "누가" 말고는 없다고 생각하니 가슴이 아팠습니다.

우리는 "누가"가 의사였음을 알고 있습니다. 우리도 훌륭한 의사를 앞에 두고 있다면, 더욱 즐거워했을 것입니다. 모세의 장인이 모세로 하여금 행정과 재판의 짐을 다른 사람들과 나누어, 그들이 그를 돕도록 한 것은, 단순히 정치와 질서의 공적 정신에서 비롯된 것은 아니었습니다.출애굽기 18:14,21,22

그러나 오, 나의 하나님, 이번에는 하나님의 성령이 직접 나서서, 모세를 움직여 이스라엘 장로 70인을 데려다가 백성을 다스릴 때, 전에 모세에게 내리셨던 성령의 능력을 그 장로들에게도 베푸셨습니다.민수기 11:10 비록 모세 그 자신이 누구보다 우수한 능력을 갖추었지만, 하나님은 그를 도울 자들을 그에게 주셨습니다.

오, 나의 하나님, 하나님이 하신 훌륭한 많은 일들 가운데, 한 명 이상의 천사들을 고용하시는 자비의 선하심을 나는 압니다. 하나님은 하나님의 아들에 대하여 말합니다. "하나님의 모든 천사가 그를 경배하게 하겠다."히브리서 1:6 하늘에서 예수에게 그런 축복을 내리셨습니다. 그리고 땅 위에서 예수는 "너는 내가 내 아버지께 구하여, 지금, 열두 명이 더 되는 천사를 보내시게 할 수 없는 줄로 아느냐"[마태복음 26:53]라고 말씀하셨습니다. 그리고 마지막 날에 하늘과 땅이 모두 하나가 될 때, "하나님의 아들, 오, 하나님, 인자가 그의 영광으로 오고, 모든 천사가 그와 함께할 것입니다". [마태복음 25:31] 목자들에게 예수의 탄생을 축복하였던 천사들과, 그의 두 번째 탄생인 그의 부활을 마리아에게 축복하였던 천사들은, 모두 또 다른 부류의 천사들입니다.

야곱(Jacob)의 사다리를 오르고 내려왔던 천사들은 하늘과 땅, 하나님과 우리 사이의 교류를 소통케 하는 임무를 띤[창세기 28:12] 천사들이고, "모든 길에 우리를 지키는" 임무를 맡은 천사들[시편 91:11]이 따로 있으며, 위험과 유혹의 장소로부터 "롯(Lot)을 재촉하여" 떠나게 하였고, 우리도 그와 함께하는 천사들[창세기 19:15]이 또한 있으며, "교회에서 우리를 가르치고 인도하도록 되어있는" 천사들[요한계시록 1:20]이 있으며, "불복종하는 자의 완고한 자를 벌하러 보내심을 받은" 천사들[요한계시록 8:2]이 있고, 심판의 날에 교회에서 자란 인간들을 추수하는 "추수꾼들"인 천사들[마태복음 13:39]이 있으며, 나사로(Lazarus)를 데려간 곳으로 우리의 영혼을 데려갈 천사들[누가복음 16:22]이 있고, 우리 모두가 허락될 새로운 예루살렘의 여러 성문들을 지키는 천사들[요한계시록 21:12]이 있습니다.

이들 모든 천사들은 처음부터 마지막까지 하나님의 종으로, 모든 일을 하는 다양한 천사들입니다. 하나님은 앗수르 진

(Sennacheribs)에서 하룻밤에 한 명당 군사 십팔만 오천을 죽인 위력을 가진 천사 여럿을 사용하십니다. 열왕기하 19:35

우리는 구원의 능력을 복음서 어디에서나 풍부하게 볼 수 있습니다. 그리고 하나님은 우리에게 "네 복음서"를 주셨습니다. 하나님의 아들이 자신에 대하여 말하기를, "주의 성령이 내게 임하셨으니, 이는 가난한 자에게 복음을 전하게 하려 함이라"누가복음 4:18고 하셨고, 예수는 또한 여러 사람들에게, "성도를 온전케 하며 봉사의 일을 하도록" 하시었습니다. 에베소서 4:12

하나님은 예수를 우리 영혼의 감독이 되게 하셨지만, 베드로전서 2:25 우리에게는 또한 다른 감독들도 있습니다. 예수는 성령을 주셨고, 다른 감독들도 또한 성령을 줍니다. 요한복음 20:22 하나님의 길(그리고 오, 나의 하나님, 길은 많기 때문에, 하나님은 하나님의 길로 가시기를 좋아하십니다), 오, 나의 하나님, 처음부터 하나님의 길은 하나님의 도움을 더 많이 줄 수 있는 길입니다.

나에게 늘 똑같이 도움을 주시는 하나님은, 지금이나 영원히 하나님의 자비로운 의도의 모습과 증거이시니, 나의 육체의 건강을 위해 많은 도움을 주셨던 자비를 내가 인정하지 않는 것은 감사함을 모르는 것이 됩니다. 하나님의 위대한 도움의 손길, 곧, 하나님의 말씀을, 나는 사교집단, 비밀집회, 분파적인 이단에서가 아니라, 하나님의 천주교회 회중과 교제를 통해, 그리고 항상 그 교회를 채우고 있는 사람들을 통해서 찾습니다.

나는 하나님의 말씀을 하나님의 성체로, 하나님의 비밀을 하나님만의 특권으로 생각합니다. 그 성체 속에서, 말씀은 육체의 옷을 입고, 빵은 예수의 몸이 되어, 나는 둘 모두를 받은 것으로 확신합니다. 하나님의 축복받은 종 오거스틴(Augustine)이 말하였듯이, 이제 나는 하나님의 축복받은 아들의 "방주"가 되고, "기념비"가 되고, "무덤"이 되었으니, 예수와 예수의 죽음의 대가 모두가 내가 성체를 받음으로써 나와 함께 있습니다. 내가 이 세상에 태어나 다음 세상에서 나의 불멸이 이루어질 때까지 그러할 것입니다.

기도

오, 영원하고, 자비로운 하나님, 광야에서 하나님의 종들에게 하나님의 만나(Manna)를 주신 하나님, 그 만나는 모든 사람들에게 각자가 가장 좋아하는 맛이 나도록 만들어졌습니다. 나는 이 만나의 의미를 바꾸어 간절히 간구하오니, 나의 일상의 양식은 나의 입맛에 맞는 것이 아니나, 하나님이 그 맛이면 좋겠다 하시는 방향으로, 하나님이 바라시는 바대로 나의 입맛을 바꾸어 하나님의 뜻에 맞도록 하소서. 우리를 교정하실 때 "수치심"의 맛과 "위로"의 맛이 나게 하시고, "위험"의 맛뿐 아니라 "확신"의 맛도 나게 하소서.

하나님은 모든 사물들에 구성성분들을 심어 놓으셨듯이 우리의 육체들도 그렇게 구성되어 있으니, 우리의 구성성분들은 반대되는 두 가지 명백한 특성이 있습니다. 하나님의 불은 마르게 하고 열을 내며, 하나님의 물은 습도를 주지만 서늘하게도 합니다. 오, 주여, 우리의 재생기능인 교정을 행하실 때 우리의 영혼이 허약해지오니, 교정의 시련을 주실 때 그 시련으로 우리가 하나님에게 가는 길도 따라갈 수 있도록, 하나님의 두 가지 특성들, 이들 두 가지 기능을 함께 행하시옵소서.

우리가 홀로는 아무것도 아님을 보여주는 시련들을 통해, 하나님만이 우리에게 전부임도 보여주시옵소서. 오, 주여, 하나님의 판단들 가운데 그 무엇 하나도 우연이 아니요, 우리에게 하나님의 선한 뜻 보여주시는 실체임을 믿사오니, 하나님이 나를 도우라고 보낸 그 사람이 도움이 될 것들을 찾고 있을 때, 나는 하나님이 순식간에 나를 인간의 도움이 미치지 않는 곳으로 던져 버리셨음을 알았습니다.

그러나 또한 아무리 지독한 병이나 사탄의 어떤 유혹도, 그리고 죄의 어떤 간악함이나 죽음이란 어떤 감옥도, 그리고 이 최초의 병상이 또 다른 감옥으로 갇힌 어두운 무덤이 되어도, 그 무엇도, 하나님이 나를 위해 정하신 굳고 선한 의지를 나로부터 제거하지는 못하도록 나를 축복하셨습니다.

하나님이 주신 이 교정의 시련을 내가 우연이라든가 아니면 의미가 전혀 없다 생각하지 않게 하소서. 그러나 내가 이 시련을 "교정"이란 언어로 이해하려고 할 때, 내가 다른 말로 해석하여, 그것을 "자비"로 알게 하소서. 이들 가운데 어느 것이 본디 의미이고, 어떤 것이 해석의 의미가 되는 것인지, 그리고 이 병을 통한 최초의 의도가 자비인지, 아니면 교정의 의미인지, 비록 죽음이 나를 봉인할지라도, 나는 그 의미를 알 수가 없습니다. 병이 교정의 의미가 있었던 것과 같이, 그렇게 하나님을 믿고 죽는 것보다, 더 큰 하나님의 자비에 대해 더 무엇을 이야기할 수 있겠습니까? 그리고 죽음으로 나는 나를 위해 죽으신 예수와 함께할 것입니다.

8

왕이 자신의 의사를 보내다

Et Rex ipse suum mittit

묵상

"인간은 하나의 세계이다"라는 명제를 환기할 때, 우리는 새로운 발견들과 마주친다. 인간이 하나의 "세계"라고 할 때, 인간 자신은 세계의 "육지"가 되고, 불행은 세계의 "바다"가 된다. 인간의 불행(불행은 인간의 것이고, 행복은 "임대"한 것이다. 인간은 평생 불행한 상태에 있다. 인간은 행복을 부지런히 가꾸지만, 소유하지는 못하고 이용할 수 있을 뿐이다. 그러나 불행의 소유권자는 주님이시다), 인간의 불행은, 바다와 같이, 모든 언덕들〔왕들〕 위로 솟구치고, 육지의 가장 먼 지역들〔평민들〕까지 다가간다.

인간은 흙으로 찢겨져 땅속에 섞여 한 덩어리 흙으로 변할 뿐이다. 인간의 내용은 흙이고, 인간의 형식은 불행이다. 가장 높은 땅, 세상 한가운데 가장 높이 치솟은 언덕들이 "왕들"이다. 이들 왕들이 낚싯줄과 추로 바다〔불행〕의 깊이를 재고는, 나의 불행의 깊이가 이 정도뿐이라고 말할 수 있을까?

어느 불행도 병과 견줄 만한 것은 없다. 왕들의 얼굴이 유리잔에 새겨졌다고 해서 그 잔이 깨질 때 덜 깨어지는 것은 아니다. 왕들이 주위에 늘 거느리고 있는 의사들은 왕들의 병들, 또는 병들의 경과를 계속하여 주시한다. 왕들은 신들인가? 왕들을 신들이라고 부르더라도 그것이 아첨의 말은 아니다. 왕들은 신들이기는 하지만, "병든 신들"이다.

우리가 결점이라고 부르는 많은 인간적인 감정을 하나님도 지니셨음을 안다. 하나님도 화를 내고, 슬퍼하고, 지치고, 우울해하신다. 그러나 하나님이 "병든 신"은 아니다. 만일 우리의 "신들"〔왕들〕이 그러하듯 하나님이 병이 든다면, 하나님도 인간들과 같이 죽을 것이다. 사람들이 "이교도 신들"을 비난하여 빈정거리며 행하는 최악의 말은, 그들의 신들이 아마도 "잠자고" 있나 보다는 말이지만, 잠잘 수 없을 정도로 병이 깊은 "신들"〔왕들〕은 이교도 신들보다 더 열악한 상황에 놓여있는 것이다.

어느 신이 의사를 필요로 할까? 어느 주피터(Jupiter)가 의사 아이스쿨라피우스(Aesculapius)를 필요로 할까? 그랬다면 의사는 주피터가 너무 화내지 않도록 담즙을 정화하는 약초를 조제하고, 너무 졸려하지 않도록 담을 정화하는 주름버섯을 처방해야 했을 것이다. "이집트의 신들", "식물들" 그리고 "신이 인간의 덕을 보았던 약초들"은 모두 인간의 밭에서 자란다고 터툴리안(Tertullian)이 말했듯이,+ 이들 "신들〔왕들〕의 장수"(70세의 장수) 는 약제사의 약의 덕분이지, "은유적인 신성"의 덕이 아니다.

왕들의 신성은 높은 신분보다는 겸손함에 더 잘 표현되어 있다. 하나님이 선을 행하실 때 풍요와 충만함의 수단을 사용하듯이, 하나님과 같이 왕들도 백성들이 궁지에 처하였을 때 자신들의 풍요를 백성들과 공유하기 위해 자신들을 낮춰야 할 때가 있다. 그때 왕들은 "신들"이 된다.

자신의 건강의 가치를 알지 못하고 이해하지도 못하여, 즐거워하거나 기뻐할 줄도 모르는 인간은 건강하지 못하다. 자신의 건강을 기뻐하는 누구나 자신의 행복과 기쁨의 원인이 되는 건강을 다른 사람들과 공유하여 그의 행복과 기쁨을 배가하기를 바라는데, 사람들은 누구나 자신의 행복을 남들이 보아주기를 좋아한다. 우리를 행복하게 만든 것을 이미 겪은 바 있는 경험 풍부한 사람들이 바로 가장 훌륭한 목격자들이다. 필요한 사람들에게 영예와 부와 건강을 주어 함께 공유하는 것은 "왕들"의 행복을 완성하는 최고의 가치이다.

논의

나의 하나님, 나의 하나님. "부자가 말하면 사람들이 모두 입을 다물고 그를 바라보며 그가 말한 것을 하늘 높이 찬양하지만, 가난한 자가 말하면 사람들은 이 사람이 누구냐고 말하고

+ 인간이 만든 신들을 공격한 터툴리안의 글을 던은 인용하고 있다.

그가 비틀거릴 때 합심하여 그를 쓰러뜨린다"외경전도서 13:23 고 현인 솔로몬(Solomon)은 경고했습니다. 그러하니 내가 왕들에 대해 말할 때 남들의 오해를 살 수 있는 말을 하여 나의 실수가 부풀려질 수도 있습니다.

그러나 오, 나의 하나님, 하나님이 왕들 가운데 계시듯, 왕들도 하나님 가운데 그리고 하나님의 일부로 있다고 내가 말했다고 하여, 하나님이 나를 오해하시지는 않으시겠지요? 이 왕들은 분명 그들 자신을 하나님의 대리인이라고 칭할 수 있는 자유를 준 하나님에 대하여 불성실하고 불경하였다고 나는 말하고자 합니다.

왜냐하면 아우구스투스(Augustus)황제에게 제국을 주신 하나님이 제국을 네로(Nero)에게 주셨고, 로마 황제 베스파시안(Vespasian)이 제국을 하나님으로부터 받았듯이 율리안(Julian)도 하나님으로부터 받았습니다. 이들 왕들이 자신의 영혼 속에 있는 하나님의 순수한 이미지를 손상시켰지만, 하나님은 왕들의 권력 가운데 확고히 박혀 있는 하나님의 두 번째 이미지인 능력까지 훼손할 권리를 그 어느 인간에게도 허락하지 않았습니다.

오, 하나님, 왕족의 권리를 가진 나의 군주가 내게 보여준 하나님의 자비를 찬양하는 일에 내가 게을리 한다면, 나는 충성심에 있어 문제가 되는 많은 과오들 가운데 최악이라 할 수 있는 "감사할 줄 모르는 죄"를 하나 더 짓게 될 것임을 하나님은 아십니다.

병자는 감사할 줄 모르는 죄를 짓기 쉽습니다. 어느 특수한 기능을 수행하지 못하여 발생하는 사회적·도덕적 실수도 우리의 인간성을 파괴할 정도로 그렇게 심각하지는 않습니다. 병든 신하가 되었다는 것은, 병든 사람이 되었다는 것만큼 그렇게 심각하지 않습니다.+ 병든 사람은 우주적으로 병을 앓습니다. 그는 자신의 병을 모든 물질과 모든 형태 속으로 쏟아 부어, 그들 모두로 흘러들어간 병은 우주의 모든 기능을 마비시킵니다.

하나님의 아들이 하나님에게 하였듯이, 나는 왕을 바라보며 그가 누구의 이미지, 누구의 모습을 지녔는지 묻습니다. 그는 하나님의 모습을 지녔습니다. 나는 하나님의 모습을 한 왕을 하나님에게 맡기오니, 나의 감사의 제물들을 받으시고 그에게 행복을 주시어 그가 즐거워하게 하시고, 나의 기도를 받으시어, 그에게 감사할 일들이 계속하여 더 많이 일어나도록 하옵소서.

그러나 나의 하나님, 나는 잠시 멈추어 생각합니다. 이 말이 너무나 인위적이고 너무 교활하게 보입니까? 내가 누구보다 왕을 생각하고 있다는 의견을 세상에 전하는 것 같아 보이지는 않습니까? 겸손과 감사로 포장하여, 아무런 근거도 없이 나 자신을 과장하고 있는 것 같습니까? 그러나 그러한 소심함이 나를 방해하지 않게 하소서. 오, 나의 하나님, 왕을 통해 보여주신 하나님의 자비를 내가 계속하여 찬양하게 하소서.

+ 병든 신하란 기능의 결함이고, 병든 인간은 인간성의 문제이다.

왕이 백성의 육체적 건강을 돕는 일이 나뿐 아니라 많은 사람들이 모두 누리고 있는 일인 줄 나는 압니다. 많고 많은 사람들이 왕의 자비의 표현을 누렸습니다. 왕은 자신의 손으로 고칠 수 있는 곳에서는 어김없이 사람들에게 건강을 주었습니다. 선왕들 이상으로 그는 자비를 베풀었습니다. 하나님은 왕이 치유할 수 있게 병을 예비하셨으니, 왕이 단지 왕으로서, 왕의 직위와 이해관계로 병을 치료한 것은 아닙니다. 왕은 자신이 직접 손으로 자비를 베풀 수 없는 사람들이나 그러한 자비를 필요로 하지 않는 사람들에게는 자신의 의사를 보내어 병자의 건강을 회복하게 하였습니다.

프랑스 왕 루이 14세(Louis XIV: 1215~1270)와 영국 왕 헨리 1세의 첫 번째 아내인 마틸다(Matilda: 1080~1118)는 남들이 달가워하지 않는 환자를 찾아 직접 병원으로 가서 환자 치료에 도움을 준 일로 유명합니다. 테오도시우스 대왕(Theodosius the Great: 346~395)의 부인으로 신앙이 두터운 플라실라(Placilla) 여왕은 자신의 명예를 실추시키면서까지 개인적으로 병자들을 돕는 일에 적극적이어서, "여왕으로 베풀 만하니 베푸는 것일 수 있겠지만, 그녀는 기독교인의 자격으로, 환자들과 마찬가지로 그녀 또한 예수의 몸의 동료의 자격으로, 환자들에게 가는 것이다"라고 말했습니다.+

+ 《테오도레의 교회사》(*The Ecclesiasticall History of Theodoret*, 1612).

하나님의 종 다윗(David)도 그의 백성들에게 헌신하였는데, 그는 백성들과 함께하며 그들을 "내 형제요, 내 골육이다"사무엘하 19:12라고 하였습니다. 백성들이 하나님의 손아래 떨어졌을 때〔하나님이 벌주려 하실 때〕, 다윗은 자신을 돌보지 않고 하나님에게 나아가 기도하기를, "나는 범죄를 행하였고 악을 행하였으나, 이 양 무리는 무엇을 행하였나이까? 청컨대 주의 손으로 나와 나의 아비의 집을 치소서"사무엘하 24:17라 하였습니다.

베푸는 일은 왕다운 일입니다. 아라우나(Araunah)가 다윗에게 커다란 선물하며 말하기를, "원컨대 내 주 왕이 좋게 여기는 대로 취하여 번제를 드리소서. 번제에 대해서는 소가 있고 땔나무에 대하여는 마당질하는 제구와 소의 멍에가 있나이다. 왕이여 아라우나가 이것을 다 왕께 드리나이다 하고 또 왕께 고하되, 왕의 하나님 여호와께서 왕을 기쁘게 받으시기를 원합니다"사무엘하 24:22~3라 하였습니다.

"베푸는 것"은 왕이 되는 조건이니, "건강을 주는 것"은 왕다운 왕의 일로, 곧 하나님께 다가가는 일입니다. 왕이 나의 육체적 건강에 도움을 주고 있음을, 오, 하나님, 하나님은 아십니다. 하나님의 훌륭한 종들도 그런 일을 했습니다. 왕이 하였던 일은 새벽빛이니, 그가 나에게 비추기 전에 하나님은 나보다 먼저 그에게 빛을 비추셨습니다. 하나님은 나보다 먼저 그에게 말씀하셨으니, 그의 목소리는 하나님의 목소리를 다시 울린 것입니다.

내가 하나님 교회에서 쓸모 있으리라는 희망을 누구보다도 먼저 생각해낸 그는(왕은) 내가 교회 일을 맡도록 하기 위하여 나에게 다가와 알리고, 설득하고, 간청하였습니다. 하나님은 이 욕망을 왕의 가슴에 심으셨고, 나의 가슴에는 복종의 마음을 심었습니다.

내가 이전에 현기증과 무기력증을 앓으며 어떻게 해야 할지를 몰라 망설이며 대부분의 시간을 보내고 있을 때, 하나님의 사람인 예수와, 사람들의 하나님이 공동으로 관리하여 나를 병으로부터 낫게 하였습니다. 내가 "돌"을 요구할 때 예수는 "빵"을 주었고, 마태복음 7:9 ; 누가복음 11:11 내가 "전갈"을 부탁할 때 예수는 "물고기"를 주었습니다. 누가복음 11:11~12〉 내가 세상의 "일자리"를 부탁하였을 때,+ 예수는 그 부탁을 부인하지도 거부하지도 않았습니다. 예수는 오히려 내가 그의 일하기를 그가 바라고 있음을 나로 하여금 알게 하였습니다.

그 무엇도 잊지 않으시는, 오, 하나님, 비록 인간은 잊을지 몰라도, 하나님은 이런 일들을 잊지 않으시니, 이런 일들이 이득이 되기 때문입니다. 나는 목격자요 증거이니, 우리의 여호사밧(Jehosophat)은 재판관들과 제사장들을 임명하는 일을 하였을 뿐 아니라 역대기하 19:8 육체적인 건강을 위해 의사를 보내고, 그 자신도 영적인 건강의 의사가 되었습니다.

+ 한때 던은 소머셋 백작(the Earl of Somerset)에게 일자리를 부탁한 적이 있었다.

기도

오, 영원하시고, 자비로운 하나님. 하나님은 하나님의 손으로 직접 주시려고, 완전한 기쁨과 영광의 하나님의 보물을 준비하셨지만, 우리가 하나님 모습 그대로를 알아보고, 우리가 하나님께 알려지고, 하나님을 알게 하십니다. 비록 이 세상일지라도, 우리는 어떠한 방식으로든 우리의 행복으로 이끄는 모든 것을 한순간 가로채어 영원히 간직하게 하십니다.

하나님은 모두 지불된 "저당금"을 살아있는 동안에도 우리에게 주십니다.+ 우리가 그 "저당금"의 가치로 하늘나라의 보물의 가치를 정하려 할 때, 하나님의 축복된 성령은 나에게 말씀하시기를, 하나님은 "도구들"을 사용하실 때, 하나님을 기쁘게 하시는 그 도구들에 차이를 주시어, 이 세상에서 하나님의 축복이 차이가 난다는 사실을 나는 겸허하게 감사하며 인정합니다. 우리는 이 세상에서 거울을 통해 하나님을 바라보기 때문에, 고린도전서 13:12 우리는 이 세상에서 반사와 도구들을 통해 하나님으로부터 보물을 받습니다.

우연한 일들조차 하나님으로부터 오는 것이니, 이 세상에서 우리가 "우연"이라 부르는 것이 하늘나라에서는 다른 "이름"을 갖습니다. 자연은 손을 뻗어, 우리에게 곡식과 술과 식용유와 우유를 줍니다. 그러나 자연이 우리에게 비를 내릴 수 있도록,

+ 저당금이란 인간이 죽어서야 받게 될 기쁨과 영광을 말한다.

하나님은 먼저 자연의 손을 비로 채우시고, 자연의 손을 여십니다. “근면”은 우리에게 손을 뻗어, 우리와 우리의 후손들을 위해 우리에게 노동의 결실을 줍니다.

그러나 하나님의 손은 씨 뿌리고 물을 주는 그 손을 인도합니다. 그리고 “성장”은 하나님으로부터 나옵니다. 친구들이 손을 뻗어 우리를 반가이 맞을 때, 하나님의 손은 우리를 반기는 그 친구들의 손들을 반기게 만드십니다. 하나님이 내리신 모든 축복들 가운데 나는 “도구들”의 축복을 받았으니, 오, 하나님, 나는 하나님의 이름을 그 무엇보다 경애합니다. 하나님의 오른팔로 하나님의 강한 손길을 우리에게 뻗으실 때, 대중의 구성원으로서 그리고 개인적인 호혜의 수혜자로서, 나는 하나님의 복음을 들을 뿐 아니라, 하나님의 복음을 설교하는 일까지 담당하였습니다.

겸허히 하나님께 간청하오니, 늘 있었던 수단과 도구들로, 같은 태양, 같은 달, 같은 자연, 같은 근면으로, 전 세계에 걸쳐 일상의 선함을 계속 베푸시듯, 같은 손으로 이 국가와 이 교회에 똑같은 축복을 계속 내려주소서. 그가〔제임스 1세〕 구름들 가운데 들어갈 때〔심판의 날〕, 그리고 하나님이 그의 아들〔찰스 1세〕과 그의 아들의 아들들에게 풍요롭게 맡긴 재능들을 그들이 충실히 관리하고 옳게 분배했는지에 대해[누가복음 16:1~9] “심판대”에서서 수지를 맞출 때, 그들 모두를 구별하여 특별한 축복을 내려주소서.

이 땅에서 가장 위대한 자인 그가〔제임스 1세〕 "영혼과 육체"에 있어 나의 "의사"이듯이, 하늘에서 가장 위대하신, 오, 하나님, 그의 육체가 온통 병이고, "심령"이 온통 걱정이며, "영혼이 온통 성스런 슬픔"인 그에게 "의사"가 되소서.+

+ 던이 이 작품을 쓰기 시작하였던 1623년 12월 제임스 1세는 심각한 병을 앓았다.

9

의사들이 진단하고, 처방하다

Medicamina scribunt

묵상

의사들은 나를 보고 나의 말을 듣고 나를 꼼짝없이 만들어 놓고는 증거물들을 수집하였다. 나도 나 자신을 "해부"하고 분석하였다. 이후 그들은 나에 대하여 더 알아보기 위해 나를 떠났다. 오, "황폐시킴"과 "파괴시킴"이란 얼마나 다양하고 탐욕스런 일인가? 아니, 얼마나 변덕스럽고 다양한가? 하나님은 다윗(David)에게 "전쟁, 기아, 병"사무엘하 24:13 세 가지를 주셨다. 사탄(Satan)은 이들 세 가지 이외에 "하늘로부터 불"을, 그리고 "광야로부터 바람"을 가져왔다.

만일 건강의 문제가 밖으로 드러나지 않고 단지 병으로만 존재한다면, 의사들은 모든 병을 가려낼 수 없어 병 모두를 명명할 수도 없을 것이다. 병은 육체기능의 "질서를 파괴"하는 일을 한다.

병의 이름은 발병된 장소에서 유래한 것이 아닌데, "늑막염"(*pleurisy*)이 그러하다. 또한 병의 이름은 병이 행한 "결과"에서 유래한 것도 아닌데, "간질"(*falling sickness*)이 그러하다. 그러므로 병의 이름은 "병이 무엇을 하였는가"나, 병의 "발발장소"에서 유래한 것이 아니다.

병의 이름은 "병이 무엇과 같은가", "병이 무엇을 닮아있는가"에서 유래한다. 그렇지 않다면 병은 이름을 가질 수 없다. 암의 모양이 어떠한가에 따라 병의 이름도, "늑대 암"(*wolf*), "자벌레 암"(*canker*), "말미잘 암"(*polypus*) 등으로 불린다. 병의 이름보다 병이 더 많다고 말하면 문제는 간단하겠지만, 이름이 더 많은가? 아니면 사물이 더 많은가?하는 질문은 그 밖의 경우에서와 마찬가지로 병에 있어서도 당혹스런 질문이다.

인간을 황폐하게 만드는 것은 단지 병뿐이라고 단정하여 말하기에는 인간이 마주한 위험은 무궁무진하고, 병을 단지 열병이라는 한 가지 방식으로 축약해 말하기에는 열병의 방식이 무한하다. 여러 종류의 열병들의 이름들을 모두 나열하는 것은 "선천성 기억"에 과부하를 걸어서 "후천성 기억"을 흩어놓아 어지럽히는 일이 될 것이다.

그렇다면 나의 병이 어떤 병이고 어떤 열병이며, 그 병이 어떻게 전개될 것이니 어떻게 치료되어야 할 것인가 등을 협의하러 간 의사들은 얼마나 복잡한 일을 하여야 할 것인가? 그러나 그 힘겨운 상황이 협의를 용인하는 경우라면, 그 병의 경우 어느 정도 희망은 있다.

병들 가운데 단지 "우발적인 현상", 곧 병의 "징후"만이 격렬하게 활동하는 경우, 의사는 병 그 자체의 치료를 무시하거나 중단하고, 그 징후부터 치료해야 할 때가 있다. 국가도 그렇지 않은가? 때로 고위관리들의 무례함이 국민들을 크게 동요하게 만들듯이, 심각한 징후의 소요는 "머리"에 가장 큰 위험이 되고, 큰 병이 된다. 그리고 고위관리들은 계엄령을 선포하고, 단지 "징후"로 병의 징후로 볼 수 있는, 동요를 일으킨 국민들을 처형한다.

그러나 이 징후는 격렬하게 발전하여 진단할 시간조차 허용하지 않게 될 수도 있다. 우리의 마음의 병들이 발발하는 경우도 그렇지 않은가? 우리의 애정(*affection*)이나 우리의 정념(*passion*)도 또한 그렇지 않은가? 화난 사람이 때리려고 하면, 나는 그 매를 맞아 그의 화를 풀어주어야 하는가, 아니면 나도 그를 때려 그와 맞대응하여야 하는가?

어찌되었든 진단의 여지가 있다면, 사태가 절망적이지 않다. 의사가 진단을 한다면, 어떤 병이든 무모하고 생각 없이 치료될 염려는 없다. 의사들은 처방을 내리고, 기록한다. 그리하여 그 어느 것도 비밀리에 사기를 치거나 불분명하게 행해질 염려가 없다.

육체적 병에 있어서 항상 그러한 것은 아니지만, 의사가 병실에 발을 들여 놓자마자 그의 칼이 환자의 팔에 가는 경우가 있다. 그는 환자를 보면 1분도 "피"를 보지 않고는 참지 못하고 다른 처방은 생각지도 않는다. 국가와 행정에 있어서도 또한 그러하다. 행정관이 어떤 사태에 대하여 "법"으로 해야 할 것인가는 묻지도 않고, 그러한 경우 반드시 행해지는 법을 실행함으로 일어나게 되는 돌발사고들에 우리는 때때로 놀라게 된다.

우리는 문서화된 것에 의지할 수 있고, 그 문서화 과정이 전문적이고, 꾸밈없고, 솔직하고, 수긍이 갈 때, 그 문서는 우리에게 희망과 위안을 준다. 그 문서가 만족감과 묵인을 동반하기 때문에 최악의 경우에라도 어느 정도의 좋은 점은 있다.

의사들은 나 자신에 대한 나의 "분석"을 다 들은 후 진단을 내리고, 신체에 적합하고 합당한 치료책으로 약을 처방함으로써 그들의 일을 끝낸다. 만일 그들이 병에 걸려 병세를 악화시킨 것을 두고 나를 꾸짖는다면 또는 만일 그들이 내가 건강했을 때 식사와 운동을 처방하였다면, 그들은 나의 병을 치료하는 것이 아니라, 병이 있기도 전에 진단하는 것이 되고, 동시에 병이 다 치료된 후에 진단하는 것이 된다.

만일 하나님이 이미 판결이 내려진 죄수에게, 사건이 발발하려고 할 때 그렇게 하지 않았더라면 지금은 살 수 있었을 것이라고 말하는 것은, 다소 불필요한 말이기는 하지만 위로가 될 수는 있다. 그리고 만일 그가 특사를 받는 일이 생긴다면, 그는 이 충고를 따라서 이후에 잘 살 수 있을 것이다.

내가 의사들에게 숨긴 것이 하나도 없음을 그들이 알고 있어 기쁘고, 그들이 서로 숨기는 것이 없이 진단을 내려 나는 기쁘다. 그들이 세상에 숨길 것 없이 기록하여 기쁘고, 그들이 병에 대해 쓰고 처방을 내려 기쁘고, 이 병에 대한 처방들이 있어 나는 기쁘다.

논의

나의 하나님, 나의 하나님, 자신이 높은 지위를 가졌다고 하여, 자신들이 신들이라며, 하나님보다 더 높은 사람들이라고 생각하는 사람들의 무례함에 내가 합당한 분노와 신앙적 증오를 보이도록 허락하소서.

아라곤 알폰수스(Aragon Alfonsus) 왕은 천체의 운동에 해박하여, "하늘을 창조할 때 그가 하나님과 협의하였다면, 하늘은 지금보다 더 완전한 질서를 갖추었을 것이다"라고 용감하게 말했습니다. 왕 아마샤(Amasiah)는 하나님의 선지자 이사야가 자신을 비난하는 것을 참지 못하여, "너는 왕의 고문이 아니냐?"라 물었습니다. [역대기하 25:16] 그 질문에 대하여 하나님의 선지자 이사야(Isaiah)는, "누가 여호와의 마음을 바꾸겠으며, 누가 여호와 고문이 되어 여호와를 가르치겠습니까?"[이사야 40:13]라고 되물었습니다.

하나님은 자신의 아들 예수, 오직 예수만이 고문의 일을 하시게 결정하신 후, 예수가 "전능의 하나님", "평화의 군주"[이사야 9:6] 그리고 "고문"[이사야 11:2] 등의 위대함의 칭호들 모두를 지니게 하셨습니다. 그런 후에 하나님은 예수에게 "능력"과 "권고"의 성령을 주셨습니다.

오, 하나님, 하나님은 인간으로부터 어떤 권고도 받지 않으시지만, 인간에게 권고하는 어떤 일도 하시지 않습니다. 인간을 창조할 때도 협의가 있었으니, "우리 사람을 만들자"창세기 1:26라고 말씀하셨습니다. 인간을 감찰하시는, "오, 감찰자시여", 욥기 7:20 하나님은 협의하여 일하십니다.

하나님 하시는 외적인 일 모두는 삼위일체가 하시는 일이니, 삼위일체의 손길이 모든 행동에 함께합니다. 축복과 영광의 삼위일체 하나님이 이 병든 육체와 그 육체에 대한 하나님의 결정에 죄인처럼 마음 편히 따르는 이 병든 영혼을 가지고 무엇을 할까 하고 지금 협의하고 계시는데, 나는 얼마나 더 걱정해야 합니까? 나는 나의 육체를 진단하기 위해 모인 삼위일체와 협의하려는 것이 아니라, 삼위일체에게 나의 병을 보여주고, 나의 육체의 정황을 낱낱이 말하려 합니다.

오, 나의 하나님, 나는 겸손히 나의 영혼을 하나님께 바쳐 고백하오니, 나의 핏줄에는 하나님 아들 예수의 피로 가득하지 않은 곳이 없습니다. 나는 예수를 십자가에 못 박고, 똑같은 죄를 되풀이하여 지어 죄들을 배가시킴으로, 거듭 예수를 십자가에 못 박았습니다. 나의 핏속에는 "과오"와 "정욕"과 "경솔함"의 "기운"이 들어 있지 않은 곳이 없습니다. 디모데전서 4:1 나의 뼈 가운데는 죄의 습관으로 굳어지지 않은 곳이 없고, 죄의 골수로 영양을 공급받아 길들여지지 않은 뼈가 없으며, 죄와 죄를 사슬로 묶지 않은 근육과 인대가 없습니다. 이사야 19:14

그러나 오, 축복과 영광의 삼위일체시여, 오, 신령하시며 온전하신 삼위일체시여, 의사가 아닐지라도, 삼위일체께서 나의 고백을 "진단"하신다면, 나의 병이 절망적 상태는 아니어서 죽을 정도는 아님을 아실 것입니다. 만일 삼위일체의 협의가 진단서의 내용에 근거하여 나를 고려한 것이라면, 삼위일체께서는 나의 회복을 생각하실 것입니다.

오, 나의 하나님, (하나님의 하시는 방식은 한결같으시니) 하나님은 성경에 근거하여, 공개적으로, 알기 쉽고, 분명하게 처리하십니다. 하나님의 책 "제 1권 생명의 책"은 결코 하나님에게 덮여있는 때가 없으나, 우리에게는 덮여있습니다. "제 2권, 자연의 책"은 모호하여 알기 어렵지만, 하나님은 하나님의 이미지를 자연에다 보여주십니다. "제 3권 성경" 가운데 구약은 신약의 등불이 되어 환히 비춰줍니다.

구약과 신약 말고도 하나님은 하나님의 백성들이 세운 정의와 유용한 "법들"의 책을 추가하시어, 인간들이 그 법들을 믿고 살게 하셨습니다. 그리고 우리가 "양심"이라 부르는 휴대하기 편하고 가슴 속에 간직할 수 있는 "규범집"을 간직하게 하셨습니다. 그리고 이 책들 이외에도 하나님은 우리 모두의 특별한 죄들에 대한 특별한 책들을 더하셨으니, "책을 가지시고 그 인을 떼기에 합당하신 분으로, 죽임을 당하신 어린 양의 일곱 봉인의 책"을[요한계시록 5:9] 추가하셨습니다.

내가 바라기는, "그 양의 피로 씻김을 받아서, 그들이 죄가 사함을 받아, 정의롭게 되었다"고 해석하는 것이, 하나님의 축복된 성령의 의미와 모순되지 않기를 원합니다. 만일 하나님이 나에게 이 책들을 새롭게 읽고 이 책들에 근거하여 새로운 삶을 시작하도록 병을 주신 것이라면, 이 "열병"은 단지 손에 화상을 입은 것에 지나지 않으니, 나의 책, 나 자신의 "양심"과 하나님의 또 다른 "책들"에 의해서가 아닐지라도, 나는 고침을 받을 것이니, 하나님의 책, "제 1권 생명의 책"과, "나를 선택하신 하나님의 계명"과 하나님의 책, "마지막 권 어린양의 책", 그리고 나를 위해 피를 흘리신 그를 통하여, 나는 고침을 받을 것입니다.

만일 나의 경우가 아직도 협의중에 있는 것이라면, 나는 아직 유죄판결을 받지 않은 것입니다. 만일 이들 책들이 나에게도 허락된 것이라면, 나는 유죄가 되지 않을 것입니다. 어떤 사람들은 이들 "협의들"(하나님이 우리를 특별히 고려할 사안들, 곧 이들 "고백들")을 행하는 가운데, 이들의 책들, 특히 "성경"에 기록된 곳에서 "독"으로 바꿀 만한 내용을 발견하게 될지라도, 하나님은 모두 "약이 되게 하기" 위해 의도하신 것이니, 이들 처방들로부터 이미 늦은 참회자는 "절망"을 맛보게 되겠지만, 일찍이 하나님을 찾은 자는 하나님의 이른 "아침 이슬", 하나님의 때맞춘 "자비", 하나님의 미래의 "위로"를 맛볼 것입니다.

기도

오, 영원하시고 자비로우신 하나님, 하나님의 눈은 "죄"를 차마 바라볼 수 없을 정도로 순수하시지만, 우리의 눈은 순수하지 못하여 "죄" 이외의 다른 것을 보지 못합니다. 우리는 하나님이 하나님의 "눈길"을 우리로부터 영원히 거두실까 두렵습니다. 우리는 고통을 홀로 감당할 수 없으니, 우리가 감당할 수 있게 하시는 분은 하나님입니다. 우리가 우리의 죄를 감당할 수 없게 되었을 때, 하나님은 하나님의 아들을 통해 우리의 죄를 감당하게 하셨습니다. 하나님이 싫어하시는 우리의 모든 죄들을 예수는 홀로 짊어지시고 하나님에게 나아갔습니다.

"자연"에는 보자마자 살해하는 "눈", 뱀의 눈이 있습니다. 그리고 우리를 바라보기만 하여도 우리를 살찌우는 "자연의 눈"도 있습니다. 오, 주님, 하나님의 눈은 우리를 살찌우시는 눈이시니, 오, 주님, 고통 가운데 있는 나를 바라보시고, 죽음의 경계에 있는 나를 불러 살리소서. 나를 바라보시어, 나의 부모가 나를 죄 가운데 낳으실 때 매장하였던 영적 죽음으로부터 나를 일으켜 세우소서.

나는 죄들을 배가하여 짓고 있으니, 원죄의 뿌리되는 기초에 근거하여 지옥의 법규까지 통달하였습니다. 오, 축복과 자비의 삼위일체시여, 나를 다시 한 번 생각하소서. 내가 창조될 때 받은 주님의 "이미지"를 손상하였음을 하나님 아버지께서 아시고,

내가 구원받을 일에 게을리했음을 하나님의 아들도 아시겠지만, 오, 축복의 성령이시여, 나의 양심의 증인되시듯 나의 죄들에도 증인되시니, 나는 자주, 아니 이 순간에도 매우 자주 하나님의 축복주시는 성령을 반항하듯 거부했음을 인정합니다. 하나님은 나의 목격자되시니, 이 병든 육체가 땀방울 흘리는 것보다 더 처참하게 이 슬픈 영혼이 울며 피흘리니, 예수가 불쾌하여 나를 매질하시기보다 나의 하나님 아버지가 더 불쾌해 하시기 때문입니다.

오, 축복과 영광의 삼위일체시여, 나를 다시 한 번 생각하시어, 나에게 "약"을 처방하소서. 이 병든 영혼을 고통스럽게 오랫동안 붙잡아 두시는 하나님의 손을 내가 분별할 수 있다면, 그때 그것은 "처방"이 되고, 이 영혼이 떠날 때 그 떠난 영혼을 받을 하나님의 손을 내가 분별할 수 있다면, 그때 그것은 "처방"이 됩니다.

10

병이 몰래 침투해 오는 것을 보고, 의사들이 은밀히 그 병을 잡으려 하다

Lentè & Serpenti satagunt occurrere Morbo

묵상

"자연은 일련의 상자 속 상자"이다. 하늘은 "땅"을 담고, 땅은 도시를, "도시"는 인간을 담는다. 모두들 "중심 지향성"이다. 그들 모두의 중심에는 공통적으로 "부패"와 "파멸"이 있다. 창조되지 않은 것만이, 그 중심〔부패와 파멸〕에서 벗어나 있다. 상상할 수 있지만 증명할 수 없는 성인들이 살고 있는 곳, 곧 신의 유출이라고 할 수 있는 빛의 옷을 입은 성인들이 있는 그곳만이 "중심"이라는 "파멸"로 향해 있지 않다. "창조되지 않는 것"만이 말살의 위협을 받지 않는다. 그 이외 모든 것들은 그렇지 못하다.

천사들과 우리 영혼들도 같은 "축" 위에서 움직이고 있어, 같은 "중심"을 향해 있다. 만일 보호장치를 통해 보호받지 못한다면, 본성 때문에 중심, 곧 말살을 향해 빠져드는 것을 막을 수 없다. 모든 것들 ("하늘의 틀", "지구상의 국가들", 그리고 "국가들을 구성하는 인간들") 가운데 가장 구별하기 어려운 것이 가장 해로운 것들인데, 처음 진행될 때에는 분명하지 않은 것들이 끝에 가서는 가장 분명하게 드러나 보인다.

하늘이 "물의 병"에 걸리면 세상을 물에 잠기게 하고, 창세기 7:4 하늘이 "열병"에 걸리면 세상을 불태운다. 요한계시록 8:5 물의 병인 대홍수가 있기 120년 전 미리 그 사실을 알고, 창세기 6:3 노아는 홍수를 대비하여 목숨을 구하였다. 창세기 6:14 물의 병인 대홍수는 쏟아 내려서 하늘의 불빛을 끄지 못하고, 하늘의 불도 잠재우지 못하여, 창세기 7:19 하늘에 해를 전혀 입히지 않았지만, 열병의 "화재"는 한순간에 발생하여 세상 모두를 불태울 수 있으니, 요한계시록 8:7 하늘의 용광로 자체를 불태워 내뿜는 불길로 "하늘"을 삼켜버릴 것이다. 요한계시록 8:12

"개의 별자리"는 병의 숨결인 전염병을 뿜어대지만, 우리는 그 별자리가 생겨날 때를 미리 알아 옷을 입고, 음식을 조절하고, 충분한 방역을 취하여 우리 자신을 지킬 수 있다. 그러나 어느 인간도 유성과 "불덩이 별"이 떨어지는 것을 막거나 파괴시킬 수 없으니, 우리는 그들의 활동이나 징후를 예견할 수 없다. 어느 연감에서도 "불덩이 별"이 언제 떨어질지를 말하고 있지 않다. 그 일은 비밀리에 수행되고 있다. 어떤 점성가도 언제 그 일이 벌어질지 말하지 못한다. 그 일은 그 무엇보다 더 높은 차원의 비밀이다.

가장 비밀스럽게 진행되는 일이 가장 위험하다. 인간사회, 국가 그리고 영연방에서의 일도 그러하다. 스무 개의 반란의 북소리들은 두셋의 속삭이는 자들과 구석에서 일하는 비밀 음모자들보다 위험하지 않다. 대포는 벽 아래 설치된 지뢰만큼 파괴력을 지니지 못한다. 일천의 군대도 아무것도 말하지 않겠다고 맹세한 두서넛 사람보다 위협적이지 않다.

하나님은 광야에서와 그 이후에도 많은 심각한 죄를 지은 사람들을 알고 있었지만, 하나님이 특히 비난하신 내용은 사람들의 가슴 속에서 중얼거리는 불만, 은밀한 불복종, 자신이 말한 것과 달리 속으로 증오심을 품는 것에 대해서였다. 이들은 가장 치명적이고, 가장 위험하다.

육체의 병도 그와 같다. 그리고 나의 경우가 그렇다. 맥박, 오줌 그리고 땀 모두 아무 문제가 없어 병의 위험한 징후가 전혀 보이지 않고, 나의 힘은 허약해지지 않아 나의 근력에 쇠락이 없다. 나의 영양공급은 끊어지지 않아 식욕에도 전혀 이상이 없다. 나의 지력은 이상이 없어 판단력이 흐려지지 않아 나의 이해력과 관련한 실없는 걱정도 없다.

그러나 나의 두뇌는 보이지 않는 병, 알 수 없는 병이 나에게 진행되고 있음을 감지한다. 병은 나의 한가운데, 두뇌에 왕국, 제국을 세워 놓고, 그 "국가의 비밀"을 간직하고 비밀리에 일을 수행하지만, 비밀을 공표하지는 않는다. 그러나 국가의 이 비밀스런 공모에 대해 치안판사들〔의사들〕이 칼을 뽑았다. 의사들이 검사관들을 대동하고 지금 이 알 수 없는 병을 치료하고 있다.

논의

나의 하나님, 나의 하나님, 성 고르고니아(Gorgonia: c. 326~c. 372)는 열심히 기도하는 가운데, 신성한 집요함으로, 그리고 성스런 단호함으로 하나님께 위협의 말을 하였고, 병에 걸렸을 때 제단에 그녀의 머리를 올려놓고 치료받을 때까지 머리를 치우지 않았습니다. 오, 하나님, 나는 감히 그렇게 하지 못합니다.

그러나 아담이 죄를 짓지 않아, 그리스도가 죽지 않았으면 하고, 하나님의 종 오거스틴(Augustin)이 바란 것과 같은 의도로 바라는 것은 아니나 만일 이브를 유혹하기 전에 뱀이 바로 서서 말했다면,+ 뱀은 나에게도 이브와 같은 결과를 얻어냈을 것입니다. 뱀이 말했다면, 나는 누구보다 빨리 들었을 것이고, 뱀이 두 발로 서서 갔다면, 누구보다 먼저 나는 그를 알아보았을 것입니다. 그리고 나 역시 그의 저주를 받았을 것입니다. 뱀이 "기어서 나에게 다가와" 나를 파멸시킵니다.

뱀이 발꿈치에 상처를 내기만 하였는데도, 뱀과 "뱀의 안에 있는 죽음이 우리의 창문들로 들어옵니다". 예레미야 9:21 뱀이 우리의 눈과 귀와 우리 영혼의 정문과 후문으로 들어옵니다. 뱀은 우리

+ 이브를 유혹하기 전에 뱀은 사람과 같이 두 다리를 가지고 있어 바로 설 수 있었고, 다른 피조물들과 대화도 할 수 있었으나, 이브를 유혹한 후 하나님이 뱀의 다리를 잘랐다는 설화가 있다. 이 설화를 근거로 던(Donne)이 가정하여 말하고 있다.

몰래 활동하여 우리는 뱀을 알아보지 못합니다. 뱀은 우리를 그와 같이 만들어, 다른 사람들이 우리를 볼 수 없이 우리가 몰래 죄를 짓게 합니다. 뱀이 행하는 최고의 걸작은 우리 자신도 모르게 비밀리에 우리가 죄를 짓게 만드는 것입니다.

우리가 우리의 죄를 다른 사람들로부터 숨기도록 유도하는 것은 뱀의 "자식"인 "거짓"입니다. 요한복음 8:44 자연상태의 인간은 천진함과 고결함의 불꽃을 간직하고 있어서, 악의를 숨기기 위해 거짓을 말하지 않습니다. 육체, 곧 죄는 뱀으로 죄를 입고 있는 거짓 또한 뱀에 속한 것입니다. 육체와 죄는 뱀에 속한 것입니다. 우리가 우리 자신으로부터 죄를 숨기면 우리는 뱀이 됩니다. 우리가 자신 속에 뱀의 침을 가지고 있으면, 우리는 자신을 죄의 독으로 찌르지 않아 죄에 대한 회한도 없습니다.

그리고 하나님의 축복된 아들 예수가 유다에게 "그가 바로 악마다" 요한복음 6:70 라고 말했을 때, 유다가 악마의 속성을 가진 것이 아니라 유다가 바로 악마였듯이, 우리 자신도 악마가 되어 우리의 가슴에 뱀을 지녔을 뿐 아니라 우리가 바로 뱀이 됩니다. 하나님의 종 다윗(David)이 "나를 숨은 허물에서 벗어나게 하소서" 시편 19:12 라고 기도할 때, 그가 얼마나 간절히 기도하였습니까? 어느 죄가 숨을 수 있습니까? 하나님의 예언자가 말합니다. "우리는 우리의 침대, 어둠 가운데에서 죄를 잉태하고, 빛 가운데서 죄를 실행한다." 시편 36:4~5

우리는 죄를 많이 짓는 것을 자랑스러워합니다. 만일 그 일이 죄가 아니면, 우리는 그 일을 하지 않을 것입니다. 하나님이 축복하신 종 오거스틴은 "수줍어함을 부끄러워했고, 양심의 민감성을 부끄러워했으며", "그의 죄 많은 친구들이 그를 받아주지 않을까 두려워 자신이 저지르지도 않은 죄들을 지었다고 자신을 속였다"고 고백하였습니다.+

그러나 우리가 죄를 숨기려 한다고 해서, 우리가 우리의 죄를 숨길 수 있습니까? (하나님의 선지자 이사야는 죄를 숨기고 싶어 죄를 숨기고, "네가 네 악을 의지하고 스스로 이르기를 나를 보는 자가 없다 하는구나"라고 말했습니다. 이사야 47:10) 오, 하나님, 하나님은 타인의 죄들을 말하는 것을 듣습니다. "아벨의 피 소리"가 카인의 살인에 대해 하나님에게 이야기하고, 창세기 4:10 "하늘이 그의 죄악을 드러낼 것입니다". 욥기 20:27

작은 피조물들도 죄 드러내는 일을 할 것이니, "공중의 새가 그 소리를 전하고 날짐승이 그 일을 전파할 것입니다." 전도서 10:20 하나님은 죄를 고발할 사람이 필요하지 않으시니, 아담의 죄가 하나님에게 드러납니다. 창세기 3:8 모든 죄는 하나님에게 명백히 드러납니다. "하나님은 죄 모두를 모두에게 드러내 보일 것이고, 모든 행위와 모든 은밀한 일을 선악 간에 심판하십니다." 전도서 12:14 그리고 하나님에게는 "감춘 것이 드러나지 않은 적이 없고, 숨은 것이 알려지지 않을 것이 없습니다." 마태복음 10:20

+ 《고백록》 II, iii.

그러나 오, 나의 하나님, 하나님은 어느 다른 방식보다 나의 고백을 통해 죄를 아시는 것을 좋아하십니다. 병이 병의 요인들을 끌어 모았다가 적당한 무게가 되면 그때야 그 병의 요인을 드러내 보여주듯이, 그렇게 성령은 나의 기억으로부터 이전의 죄들을 모두 불러 모았다가 그 죄들을 모두 고백하여 쏟아내게 합니다.

하나님의 종 다윗은 말하기를, "내가 침묵하고 있을 때, 주의 손이 주야로 나의 위에 무겁게 놓이셨다"[시편 32:3~4]라 하였습니다. 그러나 "내가 내 허물을 여호와께 자복하리라"하고 내가 말할 때, "주께서 내 죄의 악을 사하셨나이다". [시편 2:5] 하나님은 고백의 의도를 잘 아시나니, 고백행위에 대하여는 새로운 자비를 거두시지 않으십니다. 하나님은 우리가 고백한 죄들로 우리가 다시 돌아가지 않도록, 새로운 자비로 우리를 무장시키셨습니다.

하나님의 종 오거스틴은 그 새로운 자비를 잘 알고 말합니다. "하나님은 내가 행한 죄들을 용서하셨고, 하나님의 은혜로 다시는 그 죄들을 짓지 않게 하셨습니다."[+] 이러한 일들은 그렇게 하려는 우리의 마음에서 생겨난 것이니, 다시는 죄짓지 않으려는 그 마음은 하나님의 자비에서 비롯된 것입니다. 오거스틴은 그 자비를 "죄 사함"이라 부릅니다. 이 죄들은 행해지지 않았지만 진실로 가장 내밀한 죄들입니다.

+ 《고백록》 X, xxx.

하나님의 은혜로 내가 얼마나 많고 큰 죄들을 피했는지 오직 하나님만 아십니다. 그 누구도 모르고 나 자신도 모릅니다. 하나님의 은혜가 아니면 나는 하나님께 못된 짓들을 수도 없이 많이 했을 것입니다.

기도

오, 영원하시고 자비로우신 하나님. 하나님의 아들 예수 그리스도는 모든 것을 알고 계시면서도 그는 "심판의 날을 모른다"고 하였습니다. 마태복음 24:36 예수는 그날을 우리에게 알려주지 말아야 한다는 것을 알았기 때문입니다. 그렇게 하나님은 나의 모든 죄들을 알고 계시지만, 내가 하나님께 그 죄들을 말하여 하나님이 알기까지, 하나님은 그 죄들을 알고 있어 나를 불안하게 합니다.

나 자신도 모르고 지은 죄들을 어떻게 내가 고백하여야 하나님이 아실 수 있습니까? 내가 원죄에 대하여 고백한다면, 원죄가 무엇인지 알고 있는가? 하고 나에게 하나님은 물으실 것입니까? 나는 타인을 만족시킬 수 있을 만큼 원죄에 대해 충분히 알지 못하지만, 나 자신의 죄를 인정하고 하나님께 자비를 구해야 한다는 것은 압니다.

나의 젊은 시절에 지은 죄들을 고백한다면, 그 죄가 무엇이었는지 나에게 물으시겠지요? 그러나 나는 그들 모두를 열거할 정도로 그 죄들을 모두 알지는 못합니다. 그들 모두를 열거할 만큼 오랜 세월 살 수 있을는지도 모르겠습니다. (왜냐하면 내가 죄를 지어 그 죄를 말하는 것보다 빠르게 나는 또 다른 죄를 짓게 됩니다) 나는 하나님의 자비가 무한함을 제외하고, 어느 것도 나의 죄들만큼 무한한 것은 없다는 것을 알 정도로 나는 죄들을 매우 잘 압니다.

생각과 말과 행동의 죄, 행하지 않았다거나 행함에서 온 죄, 하나님과 이웃과 나 자신에 대한 죄, 회개하지 않았다거나 회개 후에 다시 또 저지른 죄, 그리고 무지의 죄, 양심의 부름에 항거한 죄, 하나님의 계명을 어긴 죄, 하나님 아들의 기도를 어긴 죄, 자신의 신념을 버린 죄, 하나님이 나를 있게 하신 교회와 국가의 법을 어긴 죄, 이 죄들 모두를 열거하는 것이 절실히 나에게 다가오지 않을지라도 무슨 일이 일어날지를 나는 압니다.

오, 주여, 나를 용서하십시오, 하나님의 아들 그리스도 예수가 나와 세상 모두를 위해 고통당하시게 하였던 이들 죄들을 용서하십시오. 만일 하나님이 나의 하나님이 아니셨다면, 그리고 죄를 방해하는 은총으로 나를 미리 용서하시지 않으셨다면, 죄들 가운데 내가 저지르지 않을 죄는 어느 것도 없습니다.

죄는 본질상 그 주인 되는 뱀의 속성을 많이 포함하고 있어서 비밀리에 나의 영혼 속으로 들어감으로, 최초의 뱀의 물림에 맞서 회복할 수 있도록, (하나님의 아들이 나를 위해 고통당하셨음을 생각하게 하는) 하나님의 "놋쇠 뱀"요한복음 3:14; 민수기 21:9을 늘 내가 볼 수 있게 하십시오.+ 내가 "두루 다니며 삼킬 자를 찾는 사자"[베드로전서 5:8]와 맞서 싸울 사자로 "다윗지파의 사자 다윗"[요한계시록 5:5]을 가지고 싸우게 하시듯이, 내가 뱀과 싸울 뱀, 곧 "뱀의 악"[요한계시록 12:9]과 싸울 "뱀의 지혜"[민수기 21:8]를 갖게 하소서.

그리고 강압적이고 모호한 유혹들인 사자와 뱀 모두와 대항하여 싸울 수 있도록, 하나님의 방주되는 하나님의 교회의 규례를 따라 내가 겸허, 평화, 그리고 하나님과의 화해인 "감람나무 새 잎사귀를 입에 문 하나님의 비둘기"를[창세기 8:11] 갖게 하소서. "아멘."

+ 〈민수기〉를 보면, 이집트를 떠난 이스라엘 백성들이 불평하자 하나님은 불 뱀들을 풀어 많은 사람들이 죽게 하였다. 모세가 놋쇠 뱀을 만들어 장대에 다니 뱀에 물린 자들이 놋쇠 뱀을 쳐다보자 살아났다.

11

의사들은 강심제를 사용하여 병의 독과 악성이 심장으로 들어가는 것을 차단했다

Nobilibusque trahunt, a cincto Corde, venenum, Succis, & Gemmis; & quae generosa, Ministrant, Ars, et Natura, instillant

묵상

이 세상의 모든 위대성은 타자의 견해에 근거한 것으로 정작 당사자는 실제로 그렇지 않으며 더구나 혼자서는 버텨갈 힘조차 없다는 사실을 알아채는데, "인간의 심장"〔마음〕+ 말고 그 어디에서 더 훌륭한 논리와 더 분명한 증거를 찾을 수 있겠는가? 인간의 심장〔마음〕은 "행동의 주체"와 "동작의 증거"이어서 늘 바쁘고 늘 모든 것들을 다하려 하고, 신체 모든 부분을 동원하여 힘과 능력을 다 사용한다.

그러나 그런 심장〔마음〕에 대항하여 어떤 적이 있어 그가 반기를 드는 경우, 신체의 어느 부분보다 가장 빨리 위험에 처하

+ 던은 심장과 마음을 동의어로 사용했다. 영어 "mind"는 지적인 활동이 일어나는 곳으로 두뇌에 가깝다. 그러니 "mind"를 "마음"이라고 해석하는 것은 옳지 않다. 심장이라는 뜻의 "heart"가 "마음"에 더 가깝다.

여 빨리 패배를 맛보는 곳이 또한 심장〔마음〕이다. "두뇌"〔지성〕는 심장〔마음〕보다 더 오래 버티고, "간장"〔감정〕은 두뇌보다 더 오래 버틴다. 그리고 〔외부로부터 공격이 있을 경우〕 세 가지 모두 그 공격을 견디려 노력하겠지만, 알 수 없는 화력인 반역의 화력은 무엇보다 먼저, 한순간에 광산을 날려버리듯, 심장을 날려버릴 것이다.

그러나 심장은 자연이 부여한 "장자 상속권자"로 인간에게 생명을 주는 최초의 것이다. 그리고 다른 부분들은 이 가족의 "어린 형제"들이고 충실한 하인들로 심장에 의지하고 있다. 그러니 심장이 가장 강한 부분은 아니지만, 우선적 배려가 심장에 주어져야 할 이유가 여기에 있다. 보통 장자가 항상 가족 중에서 가장 강한 자는 아니다. 사실 두뇌, 간장, 그리고 심장이 인간을 셋으로 나누어 지배하는 것이 아니다.

〔만물의 구성 요소인〕 네 가지 원소가 그러하듯, 인간의 건강을 위해 그들 모두에게 하나의 주권이 똑같이 부여되어 있다. 인간의 건강을 위해서 심장은 "왕"으로 홀로 자신의 궁전에서 왕좌에 앉아 있고, 나머지는 "신하들"로 자신의 지위와 업무에 따라, 아이들이 부모들에게 하듯, 그리고 모든 사람들이 모든 상급자들에게 하듯이 심장에 봉사해야 한다.

그러나 자주 이들 부모들이나 상급자들이 낮은 지위와 업무에서 봉사하며 복종하는 사람들보다 더 강하지 못한 경우가 있다. 그러나 이들 하급자들의 의무감은 "자연의 제 2법칙"(*dictates*) 인

"자연에 근거한 추론들과 논리들"에 의해 부여된 것이 아니고, 행동 또는 진행과정(*discourse*)에 따른 법칙에서 유래한 것도 아니다. (우리가 소유하는 속성들의 모든 법칙들은 자연의 법칙으로 "각 속성들은 그 자신들만의 법칙을 부여받는다". 그러나 자연의 제1법칙에는 "나의 것도 하나님의 것도 아닌", 그 어떤 속성도 아닌, 모두에게 적용되는 보편성이 있다. 그렇게 상급자들에 대한 복종은 자연의 법칙에 속하기는 하지만, 자연의 제1법칙에는 상급자도 관리자도 없다.)

그러나 모든 신하들이 군주를 돕는 일에 헌신하고 모든 신체 기관들이 심장을 돕는 일에 공헌하는 일은 "자연의 제1명령"으로, 우리 자신의 생존을 돌보는 일로 무엇보다 먼저 우리 자신을 돌보는 일이다. 의사는 당분간 두뇌나 간장을 돌보지 않을 수도 있다. 의사가 당분간 그 둘을 세밀히 배려하지 않더라도 그들은 활동할 수 있는 가능성이 있기 때문이다. 그러나 심장이 멎으면, 그 두 기능은 활동할 수 없다.

그와 같이 우리도 다른 사람들과 서로 도움을 주고받는 일을 하고 있지만, 타인을 돕는 일은 사실 우리 자신의 일을 하는 것으로 무엇보다 먼저 우리 자신을 생각하여 하는 일이다. 다시 말해 상호협조는 서로 "돕는 일"이지만 본디 목적은 "우리 자신"을 위한 일이다.

왕들의 노고에 대한 보상 역시 같은 논리에서 이루어진다.+ 때때로 왕들 자신들도 복종해야 할 힘 있는 법을 필요로 한다.

+ 신하들과 협조하는 것이 곧 왕 자신을 위한 일이다.

그리고 왕들이 자발적으로 그 법을 따를 때, 그 법을 따르는 왕들은 그것이 자신들을 위해 하는 것이 된다.

인간의 위대함이란 얼마나 보잘 것 없는가? 인간은 자신의 위대성을 배가하기 위해서 얼마나 거짓된 거울을 자신에게 들이대고는, 자신의 위대성을 스스로 얼마나 크게 확대 해석하는가? 그리고 인간에게 있어 왕이라고 할 수 있는 심장뿐 아니라, 위대한 인간들이라 할 이 세상의 왕들에게도 해당되는 불행은, 모든 악성의 병의 독성과 독소가 심장을 향해 가서는 심장에 영향을 준다는 것이다(해가 되는 영향을 준다). 그리고 병의 악성은 또한 가장 위대한 것과 최상의 것에 해악을 가하여, 그 위대함과 선함 둘 다 모두 병에 대한 해독제 또는 강심제가 될 기력을 잃게 만든다.

자연 또는 의술이 제공하여 효과를 줄 수 있는 가장 고귀하고, 가장 효과적인 강심제들도, 만일 자주 복용하여 상용화되면 강심제 역할을 제대로 하지 못하여 특별한 효능을 발휘하지 못하듯이, 심장의 가장 훌륭한 강심제인 인내도, 지나치게 견디게 되면, 적의 독성과 악성을 더욱 높이는 결과를 가져와서, 우리가 고통을 받으면 받을수록 우리의 몸은 더욱더 해롭게 된다.

하나님이 지구를 "무의 상태"(*nothing*)로부터 만드셨으니, 이 지구로부터 다른 무엇을 만드는 일은 별로 어려운 일이 아니었다. 이 지구보다 무의 상태에 더 가까운 것은 없다. 그리고 가장 위대한 인간이란 이 지구에 비교하여 얼마나 작은가? 인간은 지구를 밟고 있어서 모든 것이 그의 발 아래 있다고 생각한다. 그러나 그렇게 생각하는 그의 두뇌도 지구에 속해 있다. 그의 몸에서 가장 높은 곳에서 위치한 두뇌를 감싸고 있는 피부 역시 지구에 속해 있다. "압살롬"의 아름다운 머리카락을 닮은 많은 사람들이 매우 자랑으로 여기는 두뇌의 위쪽에 위치한 머리카락들조차 지구 위에 자라는 "잡목 숲"에 지나지 않는다.

그리고 지구는 우주에 비교하여 얼마나 작은가? "인간이 소유하고 있거나, 또는 존재한다"는 말은 겨우 그 정도이다. 심장은 인간에게 있어 얼마나 작은 부분인가? 그러나 인간은 그 심장 때문에 존재가 가능하다. 그 정도이다. 그리고 이 인간은 외부로부터 침투되는 외적 독성뿐 아니라, 유해한 병에 의해 내부에서 생긴 내적 독성에 늘 노출되어 있다. "오", 만일 인간이 그 존재의 형태를 갖추기 전 그가 이 불행에 대하여 알았다면, 이런 조건하에서 누가 이 세상에 존재하기를 간구하겠는가?

논의

나의 하나님, 나의 하나님. 하나님이 나에게서 요구한 것은 나의 심장(마음)이니, "내 아들아 네 마음을 내게 주어라"라고[잠언 23:26] 말씀하셨습니다. 내가 나의 심장을 가지고 있는 동안만 나는 하나님의 "아들"입니까? 하나님은 내가 나의 심장을 가졌기 때문에 상속, 자식의 권리, 무엇이나 주실 것입니까? 오, 하나님은 사탄에게, "네가 내 종 욥(Job)을 유의하여 보았느냐? 그와 같이 순전하고 정직하여 하나님을 경외하며 악에서 떠난 자가 세상에 없다"고 말씀하셨습니다. 욥기 1:8

나의 두려움, 나의 열의, 나의 소심함으로 감히 내가 하나님께 말씀을 드릴 수나 있겠습니까? 지상에서 나의 심장과 같이 그렇게 삐뚤어진 심장이 없는데도 그런 나의 심장을 고려해주시겠습니까? 그래도 하나님은 나의 심장을 받으시겠습니까? 내가 나의 심장을 드린다면, 나는 이제 하나님의 "아들"이 되어 하나님의 영원하신 아들 예수와 "공동 상속인"이 될 수 있습니까?

선지자 예레미야는 만물보다 거짓되고 심히 부패한 것이 마음〔심장〕이라, 누가 능히 이를 알리요? 예레미야 17:9라고 질문하고, 나 여호와가 마음을 살핀다 예레미야 17:10고 대답하였습니다. 하나님은 언제 나의 마음을 살피셨습니까? 하나님이 아담에게 심장을 만들어주셨을 때, 하나님은 그 심장을 살펴볼 것을 생각하셨습니까? 아담 이후 하나님은 우리의 마음을 살피셨고, 우리의 마음〔심장〕에 병이 점차 진행되고 있음을 보셨습니다. 그 마음의 생각의 모든 계획이 항상 악할 뿐임을 보셨습니다. 창세기 6:5 하나님은 이러한 사실을 아시고도 나의 마음〔심장〕을 받아주시겠습니까?

"오, 모든 빛 되시는 하나님", 아모스 4:13 하나님은 모든 것을 아심을 나는 압니다. 그리고 인간의 마음이 어떠한지를 인간에게 말씀하시는 분은 바로 하나님이십니다. 오, 최고의 선함이시여, 하나님 없이는 나의 마음이 얼마나 병들어 있는지 나는 알 수 없습니다. 하나님은 성경을 통하여 나에게 말씀하시기를, 모든 사람들의 마음을 사로잡고 있는 이 모든 악의 "홍수"에도 불구하고 하나님은 "하나님의 마음을 닮은 인간을 찾으신다"사무엘상 13:14 하셨고, "하나님의 백성들에게는 하나님의 마음에 합하는 목자들을 주시겠다"고 하셨습니다. 예레미야 3:15

그리고 나는 하나님의 말씀들 가운데에서 인간의 마음들의 좋은 표본들을 봅니다. 충실한 마음, 유순하고 경외심을 품은 마음, 배우려는 마음, 배우는 마음, 현명하고 완벽한 마음, 외적으로 뒤틀림이 전혀 없는 솔직한 마음, 그리고 내적으로 전혀 더럽혀지지 않은 깨끗한 마음을 봅니다. 만일 내가 그런 마음을 가지고 있다면, 나는 하나님께 그런 마음을 드리고 싶습니다.

그러나 나는 "돌 같은" 마음을 보고, 에스겔 11:19 나의 마음을 돌같이 만들었습니다. 나는 덫으로 가득한 마음을 보고, 전도서 7:26 그런 마음을 가진 자들과 친하게 지냈습니다. 나는 "가마솥과 같이 불타는 마음"을 보고, 호세아 7:6 정욕과 시기와 야망이 연료가 되어, 나의 마음을 불타게 하였습니다.

나는 "마음의 주인이 신뢰하는 마음"을 압니다. 그리고 "자기의 생각만을 신뢰하는 사람은 미련한 사람입니다". 잠언 28:26 인간이 자신의 도덕적 고결함과 시민적인 용기에 대한 믿음을 가졌을지라도, 하나님이 그에게 영적인 실의와 낙담과 우울함을 안겨주면, 그는 자신에 대한 신뢰를 잃게 됩니다. 나는 지금까지 말한 마음들 모두에 대하여 알고 있습니다. 그리고 이들 마음들

보다 더 나쁜 마음, 악마가 직접 개입하는 마음, "유다의 마음"을 알고 있습니다. 요한복음 13:2

나의 하나님, 유감스럽게도 나는 처음에 열거한 종류의 마음을 갖고 있지 못합니다. 그리고 마지막에 열거한 부류의 마음들은 하나님에게 드릴 마음들이 아닙니다. 나는 이제 어떻게 해야 합니까? 앞에 열거한 마음들 없이는 하나님의 아들이 될 수 없는데, 나는 아직 그 마음들을 갖고 있지 못합니다. 처음에 열거한 부류의 마음들을 가진 자들에게 하나님은 "마음의 기쁨"외경전도서 50:23을 주셨는데, 나는 그 기쁨을 갖고 있지 못합니다. 그리고 마지막에 열거한 마음들을 가진 자들에게 하나님은 "마음의 실추"를레위기 26:36 안겨줍니다.

오 하나님, 내가 아직 마음에 실추함이 없도록 참아주셨으니 하나님께 영광을! 하나님께 드릴 정도로 완전하지는 않지만, 드리는 행위 자체가 그 마음들을 개선하게 만드는, 중간 부류의 마음들이 있습니다. 그 중간 부류의 마음들은 하나님이 받지 않으실 정도로 절망적이지는 않아서, 받으신다는 사실 그 자체가 그 마음들을 가치 있게 만듭니다. 나의 마음은 "간담이 서늘한" 마음이고, 여호수아 2:11 문제투성이 마음이고, 상처받은 마음이고, 실망한 마음이고, 회개하는 마음입니다. 하나님의 꿰뚫는 성령의 강력한 개입으로, 나는 그런 마음을 갖게 되었습니다.

"사무엘이 이스라엘 온 족속에게 일러 가로되 너희가 진심으로 여호와께 돌아오려거든 여호와께로 향하는 마음을 준비하라"

[사무엘상 7:3]고 하였으니, 만일 나의 마음이 준비되었다면, 그것은 곧 여호와께로 돌아가려는 마음입니다. 그리고 만일 나의 마음이 가고 있는 것을 보신다면, 하나님은 그 마음을 〔가야 할〕 "집"으로 인도하실 것입니다. 아니, 준비하시는 분은 하나님이십니다. 내가 지금 가지고 있는 간담이 서늘하고, 상처받고, 깨어지고, 회개하는 마음은 하나님에게로 다다르는 하나님의 "방식"입니다.

그리고 이러한 불편함 모두는 나의 마음에 계신 성령의 증거입니다. 증거를 주시면 하나님은 약속을 지키십니다. "나발이 술에 취해 대담하였지만, 아침에는 낙담하여 죽었습니다."[사무엘상 25:37] 오, 주여, 하나님은 나에게 "쓴 쑥"〔시련〕을 주셨지만, 나는 그것〔시련〕을 용케 피하고, 하나님이 나에게 다시 아침을 열어주시자, 내 심장은 살아났습니다.

"다윗이 사울의 옷자락을 잘랐을 때" 다윗의 마음이 아팠고.[사무엘상 24:5] "다윗은 백성들의 숫자를 헤아린 후 마음 아파하였습니다".[사무엘하 24:10] 그렇게 내가 나의 죄를 조사한 후 나의 마음이 아팠습니다. 그러나 이 죄들이 죽음에 이를 정도는 아니었으니, 나의 마음은 늘 하나님과 함께하였으므로, 그 고통이 죽음에 이르지는 않았습니다.

내가 이 커다란 "병원", 이 병든 세계, 이 병의 세계에 머물러 있는 한, 그리고 내가 이 나병의 집, 육체의 집에 머물러 있는 동안, 이 마음은 하나님을 위해 하나님이 준비하신 것이지만,

늘 악성에다 병적이기까지 한 우울증의 침투에 늘 노출되어 있습니다. 그러나 나는 하나님이 약속하신 "강심제"를 갖추고 있어서, "내가 마음의 재앙을 깨닫고 하나님의 집 가운데서 기도할 때"열왕기상 8:38 하나님은 모든 치명적인 세력인 그 전염병으로부터 나의 마음을 보호해 주실 것이니, "그리하면 모든 지각에 뛰어난 하나님의 평강이 그리스도 예수 안에서 너희 마음과 생각을 지키시리라."빌립보서 4:7

기도

오, 영원하시고 자비로우신 하나님, 하나님의 높은 집, 하늘의 많은 집들 가운데, 하나님은 모든 집에서 비슷하고 똑같이 보이시지만, 이 세상 하나님의 낮은 집에서의 하나님은 모든 집에 계시지면서 동시에, 집의 방들마다에서 다르게 보이시고, 집마다 다르게 보이시고, 하나님의 교회와 나의 방에서 다르게 보이시고, 하나님의 성례 때와 나의 기도들에서 다르게 보이십니다.+

하나님은 늘 함께 계시어, 하나님의 집, 나의 육체의 모든 방에서 활동하고 계시지만, 나는 간절히 하나님께 간구하오니, 또

+ 내 아버지의 집에는 있을 곳이 많다. 그렇지 않다면, 내가 너희가 있을 곳을 마련하려 한다고 너희에게 말했겠느냐? 나는 너희가 있을 곳을 마련하러 간다. 요한복음 14:2

다른 어떤 곳들보다 나의 마음에 더욱더 분명하게 늘 함께하심을 보여주십시오. 하나님이 기름 부으신 사람의 집으로, 충실치 못한 인간들, 배반자들이 들어올 것입니다. 하나님의 집, 나의 육체의 여러 방들 속으로 유혹들이 들어오고, 병원균들이 침투하겠지만, 하나님의 침실, 나의 마음되시는, 오, 나의 하나님, 그들이 침투하지 못하게 하옵소서.

"욥(Job)은 젊은 여인을 음탕한 눈으로 바라보지 않겠다고 스스로 엄격하게 다짐하였지만", 욥기 31:1 그가 맹세를 지킨 것이 아니라, 그의 마음 한가운데 계신 하나님이 그로 하여금 그의 맹세를 지키도록 하셨습니다. 하나님의 아들은 "그의 영혼이 슬퍼하며 죽음에 이르러", 마태복음 26:38; 마가복음 14:34 죽음을 향해 나아갈 때 죽음을 혐오하고 폄하하였지만, 강한 마음을 가지고 있어, "나의 뜻대로 마옵시고, 하나님의 뜻대로 하소서"마태복음 26:39; 마가복음 14:36; 누가복음22:42라고 말씀하셨습니다.

하나님께서 하나님의 양자들인 우리를 이들 감염성의 유혹들로부터 자유롭게 하시지는 않으셨지만, 하나님은 우리에게 하나님의 강심제를 주시지 않고는, 우리를 그 유혹들에게 넘기지 않으십니다. 나는 원죄와 대항하여 싸울 때 하나님의 "강심제되는 물"로 세례를 받았고, 실제생활에서 습관적으로 짓는 죄로부터 내가 회복될 수 있도록, 또 다른 성찬, 하나님의 "강심제되는 피"를 마셨습니다.

오, 주여, 모든 피조물들에게 약효가 있는 덕성들을 심으시어, 강심제에 도움이 된다면 독사의 살까지 만드신 하나님, 하나님은 현재의 병으로부터 영원히 건강하게 하시고, 현재의 허약함으로부터 영원히 강건하게 하시며, 마음의 낙담과 실망을 강한 마음으로 만드실 수 있으십니다. 하나님의 축복된 아들 예수가, "나의 하나님, 나의 하나님, 왜 나를 버리십니까?"마태복음 27:46; 마가복음 15:34 라고 울부짖을 때, 하나님은 자신의 손을 그에게 뻗으셨으니, 그의 "슬픈 영혼"을 구하기 위해서가 아니라, 그의 "성스런 영혼"을 받기 위해서였습니다. 예수는 그의 영혼을 더 이상 자신이 갖고 싶지 않았으니, 하나님에게 드리고 싶었습니다.

오, 주님, 나는 지금 주님의 손이 나에게 얹혀있음을 압니다. 나는 왜 주님의 손이 그곳에 이르렀는지, 그것의 의미가 무엇인지를 묻는 것이 아닙니다. 나는 얼마나 오랫동안 나의 영혼이 이 육체 속에 머물 것인지, 나의 영혼이 오늘 천국에서 하나님을 만나게 될지를 묻는 것 아닙니다. 그럴 마음도 없고, 그럴 생각도 없습니다.

"자연의 병"이라고 할 "마음의 호기심"은 치근덕거리는 유혹입니다. 그러나 나는 그 유혹을 알기 이전에, 하나님의 의지에 조용히 절대 복종하게 하는 나의 "강심장"을 가지고 있습니다. 오, 나의 하나님, 내가 그 강심장을 간직하게 하시고, 그것이 나를 보호하게 하소서. 하나님이 이 세상에서 고통으로 나를 시험하실 때, 내가 더 강한 마음 갖게 하시고, 하나님의 기쁨과 영광의 나라, 저 높은 곳에서 하나님을 섬기게 하소서. "아멘."

12

의사들은 머리에서 증기를 뽑아내기 위해 비둘기 찜질을 처방했다 +

Spirante Columbâ, Suppositâ pedibus, Revocantur ad ima vapores

묵상

"증기"가 사람을 죽일 수 있다면, 무엇인들 사람을 죽이지 못하겠는가? 아무리 커다란 코끼리라도 아주 작은 쥐 한 마리에게 죽임을 당할 수 있지 않은가? 총탄으로 죽이는 일은 병사의 일상적인 일이다. 우박을 맞아 죽는 사람은 많지 않다. 인간이 잔돈 몇 푼으로 팔릴 정도로 가치가 없지 않고, 인생은 지푸라기 이상의 가치를 받아야 한다. 번개 또는 대포에 의해 공기가 격

+ 의사들은 존 던(John Donne)이 "무감각"이나 "우울증"의 과잉으로 고통을 받고 있다고 진단했다. 그들은 그의 머리에서 "증기"를 뽑아내기 위하여 비둘기를 발에다 대는 찜질처방을 내렸다. "열기와 습도"의 특성을 지닌 비둘기는 우울증과 무감각의 "냉기와 건성"에 좋은 해독제라는 생각을 가지고 의사들이 비둘기 찜질을 처방하였다고 하지만, 당대의 의학은 비둘기 찜질이 아니라 비둘기를 먹는 것을 권장하였다.

렬하게 흔들려 공기가 물의 밀도 이상으로 응축되어 얼음으로 굳어지는데, 그 얼음이 거의 돌과 같이 굳어져 그것을 맞은 인간이 죽었다면 놀랄 일도 아니다.

그러나 수증기뿐으로 맞은 것도 아닌 들이마셨을 뿐인데 죽을 수 있다. 우리 "보모"가 우리의 숨과 겹쳐서 생긴 수증기가 우리를 죽일 수 있고, 우리에게 영양을 공급하는 "공기"가 우리를 파괴할 수도 있다. 신의 직접적 대리인인 자연에 불만을 토로하고, 자연의 손안에 자신을 맡길 만큼 자신이 불행하지 않다고 생각하여 다른 사람들이 쏘아댈 과녁으로 자신을 내세울 뿐 아니라, 자연의 숨결이 부서지게 만들었다고 자신을 유리와 같이 폭발시켜 자연을 즐겁게 하는 사람, 그는 반이교도가 아니겠는가?

박물학자 플리니(Pliny)가 애트나(Aetna) 화산의 증기를 연구하기 위해 나갔다가, 그를 최악의 상태로 몰아가는 증기의 모습을 한 죽음에 맞서다가 최악을 맛보았듯이, 만일 이 감염성이 있는 증기를 힘들여 찾아서 연구하려 한다면, 그는 죽게 될 것이다. 만일 우리가 매복상태의 증기와 마주한다면, 오랫동안 닫혀져 있던 우물이나, 새로이 채굴을 시작한 광산에서 발산하는 증기를 대하듯 우리는 놀라게 될 것이다.

그러나 수증기와 같이 숨겨져 있다가 공격하는 "운명" 말고는 비난하거나 불만을 토할 대상이 없을 때, 누구를 원망하고, 누구를 비난하겠는가? 그러나 우리 자신이, 가스가 분출하는 우물이고, 불꽃 튀는 연기 뿜어내는 가마솥이고, 숨 막히고 목 조이는 수증기 뱉어내는 광산인 상황에서, 굳이 그를 파괴하였던 대상들이 그의 이웃들, 그의 친한 친구들, 그리고 그의 형제들이 뿜어내는 속삭임과 험담의 숨결이 그를 파괴하였다고 자신의 슬픔을 토로할 그런 사람이 어디 있겠는가?

우리 자신도 우리 자신에게 똑같은 수단으로 그런 일을 하여, 우리 자신의 증기들로 우리 자신을 살인할 수 있지 않을까? 또는 만일 자신을 파괴하는 이러한 사태들이 어느 정도 우리 자신의 의지에서 비롯된 것이고, 우리 자신의 의도, 아니, 우리 자신의 과오들에서 비롯된 것이라면, 우리는 그 질책을 분리하여, 우리의 책임만큼 많이 우리 자신을 비난할 수 있다.

자의로 행해진 과도한 음주와 과식에서 비롯된 "열병들", 무절제함과 방탕에서 비롯된 "폐병들", 타고난 능력을 잘못 쓰거나 지나치게 써서 생기는 "광증들", 이들은 모두 우리 자신이 만든 문제들이다. 그렇게 우리는 우리 자신을 파괴하는 일에 수동적, 또는 능동적으로 관여하였다. 그러나 이들 "증기들"을 키우거나, 또는 마시기 위해서 내가 어떤 일을 했던가?

의사들은 나의 병이 우울증이라고 한다. 내가 우울증을 흡입하여 마셨단 말인가? 원인은 나의 지나친 "사고의 깊이"이다. 나는 생각하도록 창조되지 않았는가? 그 원인은 나의 연구이다. 나의 소명이 연구를 요구하지 않는가? 나는 연구를 할 때 자의적으로 뒤틀린 사고로 하지 않았다. 나는 연구하다가 고통을 받으며 죽을 것이다.

스스로 자신의 목숨을 끊는 사례가 되는 아주 힘든 일을 하였던 사람들의 예들이 많이 있다. 어떤 사람들은 늘 독약을 준비하고 다녔다. 손가락 반지에 빈 공간을 만들어 독약을 넣거나, 그들이 늘 사용하는 펜 속에 공간을 만들어 독약을 넣었다. 어떤 사람들은 감옥의 벽에 머리를 박아 죽고, 어떤 사람은 굴뚝에서 나오는 불을 마시고 죽고, 자신의 손이 묶여 있는 경우에 자신의 무릎 사이에 목을 넣고 압박하여 자신을 질식시켜 죽은 사람도 있다.

그러나 나는 나 자신에게 그러한 어떤 것도 하지 않았지만, 나는 나 자신의 "사형집행자"라고 할 수 있다. 드문 경우이기는 하지만 보잘 것 없는 도구들로 자살하는 경우를 종종 듣게 된다. 핀 하나, 빗 하나, 끈 하나로 당기고, 목을 매달고, 그리고 죽는다.

내가 "증기"라고 말할 때, 증기가 무엇인지 재차 질문을 받으면 나는 말할 수 없다. 증기는 매우 알 수 없는 것이다. 우리를 "무"의 상태로 변하게 만드는 것으로 증기만 한 것이 없다. 그러나 타고난 우리의 육체와 같은 작은 방으로부터 정치의 육체인 "국가"에 이르기까지 그곳에서의 증기의 의미를 확대하여 그 의미를 특수화해 보자.

우리의 몸에 있는 독기는 국가의 소문이고, 우리 병의 전염성 독기로 생각되는 우리 몸의 증기들은 국가의 전염성 강한 소문들로 탈선적이고 명예훼손적인 험담들 비방들이다. 정치의 육체에서 심장은 왕이고, 두뇌는 왕의 논의기구이고, 모두를 엮어 주는 행정체계는 심장과 두뇌로부터 시작되는 근육들이고, 이 모두를 살아 있게 만드는 것은 명예, 공정한 존경, 그리고 적절한 배려이다.

그러므로 독성의 소문들이라고 할 이들 증기들이 이들 중요한 기능들에 반기를 들 때, 몸 전체가 고통을 받는다. 모든 기능들이 다 나름대로 중요하겠지만, 우리가 병들어 불행하게 되면 개별적인 기능들도 아무 소용이 없어진다. 우리에게 가장 해로운 증기들이 우리의 신체로부터 생겨나듯이, 가장 불명예스런 소문들과 국가에 가장 큰 상처를 주는 소문들 모두도 내부에서 발생한다.

내가 거리에서 만나게 되는 나쁜 공기, 배수구, 도살장, 똥무더기, 하수구들 모두가 나의 내부에서 발생하는 증기들만큼 나에게 많은 상처를 줄 수 있겠는가? 어떤 망명객이나 어떤 외국의 자선가가 내국의 변절자, 비방자, 빈정대고 조소하는 자만큼 해를 끼칠 수 있겠는가? 독약과 인간에게 해악을 끼치도록 태어난 피조물들에 대해 글을 쓴 사람들은 독사는 물론 벼룩에 대해서 언급하면서, 벼룩은 그 어느 것도 죽이지는 않지만 온갖 해악을 다 끼친다고 언급하듯이, 자유분방하고 비방하는 조소하는 자들은 때로 이롭기는 하지만 늘 힘을 가진 독소의 말을 하니, 우리 그 머리에서 치명적인 해악을 행하고 있는 증기를 뽑아내는 선한 "비둘기"가 되자.

논의

나의 하나님, 나의 하나님, 하나님의 종 야고보(James)가 "너의 생명이 무엇이뇨?"야고보서 4:14라고 나에게 물었다면, 나는 "생명이란 잠시 나타났다가, 곧 사라져 버리는 증기"라고 대답할 것이고, 만일 그가 "너의 죽음이 무엇이뇨?"라고 물었다면, 나는 그것 또한 증기라고 대답할 것입니다. 만일 생명과 죽음이 모두 하나같이 증기라면, 내가 살아 있든 죽어 있든 모두 똑같은 것이 아닙니까? 그렇게 하나님은 증기에 아무런 차이를 두지 않으시고, 하나님의 축복과 하나님의 심판을 똑같이 증기로 표현하시어 축복과 심판의 상형문자〔상징〕로 증기를 만드셨습니다.

하나님은 우리에게 풍요로운 선을 약속하셨음에도, 왜 늘 선하실 수는 없습니까? "증기가 땅에서 올라와 온 지면을 적셨다." 창세기 2:6 하나님은 그러한 방식으로〔증기〕 우리에게 선을 주시고, 우리의 봉사를 받으실 때 요구하시는 "희생"〔번제〕도 같은 방식입니다. "번제"〔희생〕는 곧 증기입니다. 레위기 16:23 번제를 드릴 때, "향료의 짙은 연기구름이 하나님께로 올라갔습니다."에스겔 8:11 하나님이 우리에게 오실 때 천국의 이슬〔증기〕로 오시듯이 우리도 하나님께 갈 때 같은 방식으로 갑니다. 그러니 둘이 다 증기입니다.

지혜의 인성을 지니신 하나님의 축복된 아들 예수 그리스도는 우리가 세속적으로 혹은 영적으로 존재하고 소유하는 모든 것을 우리와 똑같이 가지고 있어 우리와 같이 불립니다. "그녀는(즉 그는) 신의 능력의 증기이시니, 곧, 전능자의 영광으로부터 나오는 순수한 영향력이다."[외경잠언 7:25] 오, 나의 하나님, 하나님은 말씀하실 때 하나님의 숨결 속에 아름다운 의미를 담아 증기에 향기를 담으시고는, 이제 이 증기가 하나의 병적이고 전염성이 있는 의미를 지니게 하십니까?

그럴 수도 있다는 생각이 듭니다. 우리는 단지 증기뿐인 것으로 하나님을 불쾌하게 하고 있으니("죄"라는 것은 단지 "증기"라 할 수 있는데, 우리의 시선을 빼앗아 우리가 우리의 위험을 볼 수 없게 하는 "연기"입니다), 하나님이 우리를 증기들로 벌주시는 것은 정당합니다. "현자〔예레미야〕가 말하기를, 하나님은 우리가 하나님을 화나게 한 바로 그것들로 우리를 벌주실 것이다"[예레미야 21:14]라 하였고, 또 다른 현자〔솔로몬〕는 "증기들을 내뿜는, 새로이 창조된 짐승들로 벌하실 것"이라 말하였습니다.[외경잠언 11:18]

하나님이 벌하시는 것에 대해 하나님의 선지자의 입을 빌려, "내가 이적을 하늘과 땅에 베풀리니, 곧 피와 불과 연기 기둥"이라[요엘 2:30] 말씀하셨고, 하나님의 사도는 하나님의 의미를 잘 알고, "연기의 증기들"이라 말하였습니다.[사도행전 2:19] 다른 선지자〔다윗〕는 하나님의 무서운 모습을 표현할 때, "그 코에서 연기가 나왔다"[시편 18:8]라 하였고, 또 다른 선지자〔이사야〕는 하나님이 화가 난 결과에 대하여 "집에 연기가 충만하였다"[이사야 6:4]라 말했습니다.

그리고 묵시록의 예언자는 세상의 마지막 때의 비참함을 기록

하며, "저가 바닥이 없는 구덩이를 여니, 그 구멍에서 큰 풀무의 연기 같은 연기가 올라오매, 해와 공기가 그 구멍의 연기로 인하여 어두워지며, 또 메뚜기떼들이 연기 가운데로부터 땅 위에 나오매 저희가 땅에 있는 전갈의 권세와 같은 권세를 받았다"라 하였습니다. 요한계시록 9:2~3 이제 모든 연기는 불 가운데서 시작하여 불과 함께 끝납니다. "죄"의 연기와 하나님의 "분노"의 연기는 모두 "지옥"의 불에서 종말을 맞습니다.

그러나 하나님은 이들 연기들을 거두시고 이 증기들을 날려 보낼 방법들을 우리에게 전혀 제공하지 않으셨습니까? 하나님의 천사들이 천국에서 떨어질 때, 하나님은 우리를 천국으로 데려가시려는 생각을 가지고 천국을 재정비하셨습니다. 그렇게 우리가 하나님으로부터 떨어져 이 세상으로 나올 때, 하나님은 아들 예수가 우리의 본성을 가지고 이 세상으로 내려오게 하시는 별다른 방식을 취하시기 위해 이 세상을 직접 재정비하셨습니다.

마지막에 이르러 우리가 영광의 자리로 올라가겠으나(우리는 천사들의 자리로 오를 것입니다), 이제 우리가 먼저 해야 할 일은 이 세상에 내려오신 하나님의 아들이 따라가신 길, "비둘기로 강림하신, 하나님의 축복된 성령"의 길을 가는 것입니다. 마태복음 3:16; 마가복음 1:10; 누가복음 3:22; 요한복음 1:32

그렇게 하나님은 "비둘기"(성령의 뜻도 포함되었다)를 우리 신체의 낮은 곳(발)에 갖다 대는 방식으로 "자연"의 처방을 우리에게 제공하기를 기뻐하셨으니, 하나님의 축복된 "성령"(비둘기)이 우리를 방문하시어, 죄의 증기들이 아래로 내려가는 방식으로 우리의 육체 가운데 이들 증기들을 아래로 내려가도록 만드시어 우리가 그 증기들을 우리 발로 밟도록 할 것입니다.

하나님의 아들이 세례받을 때 비둘기가 강림하였고, 하나님의 사도들이 충만한 설교를 하였을 때도 똑같이 성령의 비둘기가 강림하였습니다. 하나님의 성례를 따르고, 하나님의 말씀에 순종함으로, 우리가 우리 자신의 "오만"의 증기, 우리 자신의 "지혜"의 증기, 우리 자신의 "의지"의 증기, 우리 자신이 만든 것들의 증기를 끌어내리게 하시면, 그때 이처럼 처방을 내린 이들 "비둘기들"〔성령들〕이 우리를 살아갈 수 있게 할 것입니다.

기도

오, 영원과 자비의 하나님, 인간이 자신을 파괴하는 것에 마음 아파하시면서도, 인간 스스로 자신을 고칠 수 있는 능력을 인간에게 주시지 않으시고, 쉽게 그리고 흔하게 얻을 수 있는 교정의 수단들〔의학〕만을 인간에게 주셨으니, 간청하오니, 이 평범한 피조물의 육체적 보조수단들〔의학〕에 은총을 허락하시고, 하나님의 영적 보조수단인 성례의 은총을 허락하십시오.

하나님은 하나님 방식인 자연의 여러 수단들을 통하여 하나님의 피조물에게 "비둘기"〔성령〕를 주십니다. 자연의 법칙에 따라 비둘기가 의학적으로 자연스럽게 인간의 육체 건강에 반응하도록 하여, 비둘기가 "죄"에 대한 "번제"가 됩니다. 복음서를 통해 볼 수 있듯이, 하나님은 성령과 비둘기를 하나님의 아들의 세례의 목격자로 만드셨습니다.

그렇게 비둘기와 비둘기의 품성들을 나의 영혼의 안으로 가져가시어, 비둘기의 본성에 심으셨던 그 순수함, 그 온유함, 그 무해함을 나의 영혼에 심으십시오. 하나님에 대한 모든 불복종의 증기들이 나의 발밑에 깔려 있으니, 나로 하여금 하나님 아들의 능력과 승리에 힘입은 승리자로 나의 무덤을 짓밟아 나를 삼키려고 무덤 아래 누워 있던 "사자"와 "용"을 물리칠 수 있게 하옵소서.

오, 주여, 하나님은 에스겔 선지자를 "비둘기" 또는 "골짜기 비둘기"라 부르시며, "골짜기 비둘기가 산 위로 피할 것이다"라고 말씀하셨습니다.[에스겔 7:16] 하나님이 뼈들이 흩어진 들판에서 "인자야 이 뼈들이 능히 살겠느냐?"[에스겔 37:3]고 에스겔에게 물으셨던 그 질문이 나에게도 똑같이 해당되오니, 하나님은 나를 병의 골짜기에 매우 낮게 눕게 하시고 하나님이 생각하시기에 좋은 시간에 나를 〔비둘기들이 피하는〕 산들로 옮기십니다. 비록 내가 이 병의 골짜기에 있을지라도, 하나님은 나에게 하나님이 머무시는 산, 신성한 언덕을 보게 하시었습니다. 그 언덕은 "깨끗한 손을 가진 자"[시편 24:4]아니고는 그 누구도 오를 수 없으니, 하나님의 아들 예수 그리스도의 피로 손을 깨끗이 하지 않으면, 그 누구도 그런 손을 가질 수 없습니다. "아멘."

13

반점을 보고, 병의 전염성과 악성을 알 수 있다

Ingeniumque malum , numeroso stigmate, fassus,
Pellitur ad pectus, Morbique Suburbia, Morbus

묵상

우리는 바다와 땅이 균등하게 배분되어 있다는 듯이, 세상이 땅과 바다로 되어 있다고 말하지만, 바다는 동반구보다 서반구에 더 많이 분포되어 있다. 우리는 하늘의 별들의 양이 어디서나 똑같기라도 하듯이 하늘은 별들로 가득하다고 말하지만, 하늘의 별들은 남극보다는 북극에 더 많이 분포되어 있다. 우리는 우리의 불행과 행복이 같은 양을 지니고 있기라도 하듯이 우리의 삶은 불행과 행복으로 나뉘어 있다고 말하거나, 우리는 병들어 지내는 날과 건강하게 지내는 날이 같은 몫으로 변화무쌍하게 살아가고 있다고 말하거나, 낮과 밤의 비례가 영원히 균형을 이루듯이 우리의 행운과 불운도 같은 분량으로 균형을 맞춰가고 있다고 말하지만, 그렇지가 않다.

인간은 불행의 잔을 마시고, 행복의 열매를 맛본다. 인간은 불행의 밭을 가꾸고, 행복의 열매를 거둔다. 인간은 불행한 상태로 길을 떠나지만, 걸어가며 행복해 할 것이다. 불행의 의미는 단호하고 분명하지만, 행복의 의미는 논의의 여지가 있고 문제도 많다. 우리는 누구나 불행을 불행이라 부르지만, 취향에 따라 행복의 이름을 바꾼다. 나에게 일어난 사건인 병의 반점들은 모두 악성과 전염성이 있다고 한다.

이제 〔진단이 내렸으니〕 의사들이 무엇을 할지 분명히 알 수 있어 의사들에게는 위로가 되겠지만, 그 악성이 너무 심하여 의사들이 할 수 있는 일이라곤 "아무것도 하지 않는 것"이라는 그들의 말에 나의 불안함은 훨씬 더하다. 적이 몰래 살아가며 목표를 추구하다가 그 목표를 성취할 수 있게 되었을 때 비로소 자신의 정체를 드러낸다면, 아군으로서는 적을 알았다 하더라도 크게 위로가 되지는 않을 것이다. 내부 음모가 있었을 경우에 자발적인 고백이 고문에 의한 고백보다 낫다.

자연이 전염병의 외적인 발현을 통해 병이 스스로 병을 고백하게 만드는 경우, 이 고백은 위로가 된다. 그러나 그 고백이 강심제의 결과일 경우 그것은 고문에 의한 고백이어서, 그 사람의 악성에 대해서는 알게 되겠지만 자신이 직접 고백하는 경우가 아니어서 우리는 그가 그의 마음에 얼마나 악의를 가지고 있었는지 알 수가 없다.+

+ 엘리자베스 1세와 제임스 1세 통치기간 중에 국왕의 위임을 받아 정보를

그가 반역했다는 것을 확신할 수는 있겠지만, 그가 참회하였는지는 확신할 수 없다. 그가 한 일은 분명하지만, 그의 공범자들은 알 수 없다. 최악의 사태를 어찌할 수 없을 때, 그 사태를 아는 것만으로도 다소 위로가 된다. 병의 심각성을 알지만, 그 병이 최악이라는 것을 알지 못하는 경우 희망의 여지는 있다.

여자는 아들을 낳으며 위로받고 육체의 짐도 덜게 된다. 그러나 만일 엄마가 아들의 역사를 미리 읽을 수 있어서 아이가 자라서 어떻게 병든 남자와 병든 아들이 될 것인가를 알게 된다면, 엄마의 마음은 〔임신한 몸보다〕 더 무거운 짐을 지게 될 것이다.

구매해 놓고 알 수 없는 하자로 골치 썩지 않을 상품이란 없다. 합금이 순수금속보다 더 우수하듯이 천박한 위조지폐의 본성을 지니지 않은 행복이란 없다. 덕을 행사하는 일에서조차 그렇지 않은가(적어도 덕을 향해 가려면 더욱 그렇다)? 내가 감사한 마음을 가지려면 무엇보다 먼저 내가 가난해야 하고, 나에게 부족함이 있어야 한다. 내가 인내의 덕을 행사하려면 먼저 나는 불행해야 하고 고통 가운데 있어야 한다.

〔금을 찾아〕 우리가 얼마나 깊이 파야 하고, 얼마나 오랫동안 쫓아야 하는가? 비교를 하는 것 이외에 달리 우리는 우리의 금

얻기 위한 목적으로 내밀원(Privy Council)에서 고문에 의한 고백을 명령하였다. 그러나 보통법 법정에서 이루어진 것이 아니어서 최고법정의 판사 앞에서는 그 고백이 실효성이 없었다.

〔덕〕에 대한 시금석을 가지고 있지 못한가? 우리는 다른 사람들만큼 행복한가? 지금 우리는 또 다른 시절만큼 행복한가? 우리가 이전에 확신하였던 것보다 우리가 더 악화되었음을 이들 반점들이 말해주고 있는 것이라면, 오, 건강함을 향한 발걸음이 겨우 이 정도인가!

논의

나의 하나님, 나의 하나님, 이 병상을 하나님의 제단으로 만드신 지금 나는 나 자신 말고 하나님께 드릴 제물이 없습니다. 하나님은 "흠 없는 제물"을 받으시지 않습니까?[히브리서 9:14] 하나님은 이 세상에서 흠 없는 자를 찾으시려고 하나님의 아들 예수가 인간의 육체를 입고 살게 하신 것 아닙니까? 육체의 영혼이라 할 "성령"은 매우 완전하고 흠이 없는 하나님의 "신부"가 아닙니까?[아가 4:7] 우리의 모든 흠과 결함을 자신이 직접 짊어진 하나님의 아들은 전혀 흠이 없지 않습니까?

"온전하여 흠이 없는 육체"〔성령〕의 팔과 다리가 되는 하나님의 교회에 속해있는 각각의 개별적 영혼들이 결함들과 흠들로 가득하다면, 하나님의 신부되시는 하나님의 교회는 흠들이 없는 것이 아니지 않습니까?

하나님은 우리에게 "육체로 더럽혀진 옷을 미워하라"고 하셨습니다. 육체가 바로 그 옷이니 육체는 자신을 스스로 더럽힙니다. "만일 내가 눈 녹은 물로 몸을 씻을지라도, 주께서 나를 개천에 빠지게 하시면 내 옷이라도 나를 싫어하겠으나", 욥기 9:30~31 "어느 누구도 자신의 육체를 증오하지는 않습니다." 에베소서 5:29 주여, 흠 하나 없음을 찾으신다면 누구에게서 그것을 찾겠습니까?

나의 영혼을 보면 하나님의 자비가 아직도 멀었으니 아직도 흠이 없다 할 수 없습니다. 하나님의 교정이 이전보다 나를 죄로부터 멀리 데려가시고 〔죄를〕 깊이 불태우셨지만, 내가 아직 흠이 없다 할 수 없습니다.

하나님의 자식들이 두려워하고, "죄악으로 인하여 여호와의 회중에 재앙이 내렸으나, 오늘날까지 우리가 그 죄에서 정결함을 얻지 못하였다" 여호수아 22:17 라고 말할 때, 하나님이 우리에게 비를 내리시지만 우리의 〔죄의〕 견고함 모두를 완화하시지는 않으시고, 우리에게 불길을 내리시지만 우리의 불순물 모두를 태워 없애시지는 않으시고, 우리의 상처를 치료하시지만 흉터를 남기시고, 우리의 피를 맑게 하시지만 찌꺼기를 남기십니다.

그러나 하나님이 증오하시는 흠은 우리가 숨기는 흠입니다. 현자 솔로몬(Solomon)은 "우상을 만드는 자들이 흠을 숨긴다" 외경 잠언 13:14 고 말하였으니, 우리가 우리의 흠을 숨길 때 우리는 우리 자신의 흠, 우리의 추함의 우상 숭배자가 됩니다. 만일 나의 "흠"이 여러 수단들을 통하여 나타날 때, 곧 자연의 강인함으로 나타나든, 자발적인 고백으로 나타나든("은총"은 회개하는 자의 본질이고, "자연"의 강인함은 은총의 힘이다), 또는 "강심제"의 덕으로 나타나든(하나님의 "교정들"조차 강심제이다), 그 흠이 어떻게 나타나든 하나님은 고백함을 자비로 받으십니다.

하나님의 종 야곱(Jacob)이 자신의 양들에 얼룩이 생기도록 "꾀"를 냈을 때, 하나님은 "그 새끼들"을 번성케 하셨고,창세기 30:39 교정을 통하여 우리가 우리의 흠을 발견하고 우리의 죄를 겸손히 하나님께 드러낼 때, 하나님은 자신의 자손들을 번성케 하십니다. 우리가 자신의 죄를 고백할 때까지, "건강한 자에게는 의원이 쓸데없고, 병든 자만이 쓸데가 있다"마태복음 9:12라고 하나님이 말씀하셨으니, 우리가 병들어 하나님에게 말할 때까지 우리는 우리가 건강하다 생각할 것이며, 우리가 우리의 "흠"을 드러낼 때까지 하나님은 어떠한 "약"도 우리에게 주시지 않을 것입니다.

그러나 나는 지금 병들어 있습니다. 주여, 내가 "흠 없는 얼굴을 들고 굳게 서서 두려움이 없을"욥기 11:15 수는 없습니까? 나의 흠조차 하나님의 아들의 육체에 속한 것으로 예수의 육체의 일부이오니, 예수는 지상으로 내려와 그 흠들을 보여주고, 흠들과 싸우고, 그 자신 그 흠들을 짊어지셨습니다. 내가 나의 흠들을 드러낼 때 나는 단지 "예수의 것"이기도 했을 흠들을 예수께 보여드리는 것이니, 내가 나의 흠들을 보여드릴 때까지 나는 "그의 권리"를 주지 않고 보관하고 있는 것이 됩니다.+

그러므로 하나님이 나의 흠들을 "예수가 짊어지실 흠들"과 같

+ 예수는 나의 죄의 짐을 지실 권리가 있다.

이 생각하시고, 고백의 방식으로 드러난 나의 흠들을 보실 때, 나의 흠들은 내가 지옥으로 끌려가는 두려움을 가질 필요도 없게 만드는, 죽음의 고통들로 생각되지는 않을 것입니다. ("하나님은 하나님의 아들을 지옥에 남겨 놓지 않으셨으니 하나님의 아들은 지옥에 있지 않습니다."사도행전 2:31) 그러나 나의 가슴과 나의 영혼에 있는 이들 흠들은, 하늘의 별들과 같이 하나님의 오른손 되시는 하나님의 아들이 계시는 바로 그곳으로 나의 생각을 인도하게 합니다.

기도

오, 영원하시고 자비로우신 하나님, 우리가 이전의 우리의 공적들을 생각할 때 그들 모두 하나님이 공짜로 주신 것이지만, 하나님이 우리에게 요구하시는 우리의 믿음과 감사는 우리에게 공짜로 주시지 않으십니다. 하나님의 자비하심에 감사하오니, 하나님이 나를 판별하실 때 하나님의 자비가 있으셨고, 하나님이 나를 꾸짖으실 때 하나님의 위로가 있었으니, 이 특별한 자비하심에 대한 나의 부족한 감사를 받아주십시오.

오, 주님, 하나님께서 "집을 방문하시어 하나님의 자취와 하나님의 증거를 환자에게 남기셨다"에스겔 9:4~7는 말이 예사롭지 않기는 하지만, 하나님이 찾지 않으시는 집은 얼마나 비참하고 위로가 없는 외로운 집이 되겠습니까? 하나님의 징표를 보지 못한 사람은 버려져 얼마나 외로운 사람입니까?

오, 주님, 하나님이 나의 몸에 일으킨 열기가 나를 하나님께 봉인하기 위하여 초를 녹였고, 이들 반점들은 하나님의 이름을 쓰신 것으로 하나님이 나에게 오셨음을 보여주는 글자들입니다. 지금 나를 취하시어 당장 소유하시든, 아니면, 내가 머무는 동안 내가 하나님을 더욱 영광되게 하도록 미래에 회수하시든, 나는 보증된 양도증서의 집이나 땅이오니, 더 이상 제한하지도, 요구하지도, 선택하지도, 바라지도 않습니다.

오, 나의 하나님, 나와 늘 함께하시어, 이 침대-방과 하나님의 침대-방이 둘 다 하나가 되고, 지상에서의 육체적 "눈"의 감김과 하늘나라에서 나의 영혼의 "눈"의 열림이 모두 하나의 행위 되게 하소서.

14

의사들은 위기의 순간에 일어난 사태들을 주시하다

Idque notant Criticis, Medici, evenisse diebus

묵상

인간이 지금보다 더 나빠지거나 더 불행해지는 것을 나는 원치 않는다. 내가 원한다고 해서 내가 할 수 있는 일도 아니다. 우리가 하나님을 치켜세우거나 턱 없이 칭송할 수 없듯이, 우리는 다른 사람을 낮게 평가하거나 가볍게 생각하지 말아야 한다. 우리가 무엇보다 특히 기억해야만 할 것은 우리가 세상을 살아가면서 경험하게 되는 거짓된 행복들은 〔지속가능한〕 때와 시기가 있고, 또한 위기의 순간이 있게 마련이다. 그리고 그런 일이 우리에게 일어날 때, 우리는 그때마다 그들〔거짓 행복들〕을 판단하고, 분류하여야 할 것이다.

우리가 무엇이라고 단정하여 규정할 수조차 없는 "시간"이 우리 행복의 본질적 요소라면, 우리의 행복이란 얼마나 허망한 요소들로 이루어져 있는 것인가? 모든 일들은 "공간"에서 일어난다. 그러나 만일 그 공간이 공기와 비슷하게 빈 외관만 가지고 있을 뿐이라면 어쩌겠는가? 아! 공기란 얼마나 얇고 유동적인가! 외관, 공기의 외관은 얼마나 얇은 막인가? 모든 일들은 또한 "시간" 속에서 일어난다.

만일 시간이 단지 "운동을 계산한 것"뿐이라면 어쩌겠는가?+ 시간이란 과거, 현재, 그리고 미래의 제3의 공간들을 아우르고 있는 것처럼 보이지만, 이들 가운데 과거와 미래는 지금 현재는 없는 것이다(과거는 지금은 없고, 미래는 아직은 와 있지 않다)++ 우리가 현재라고 말하는 것도 직선의 개념으로 부르기 시작할 때 벌써 현재는 과거에 있었던 것이 되어 현재가 진정한 의미의 현재가 아니다. 우리가 현재라는 단어나 또는 지금이라는 단어를 보기도 전에 벌써 현재 또는 지금은 과거가 되어 버리고 만다.+++

"상상할 수 있을 뿐 거의 아무것도 아닌 시간"이 우리 행복의 본질이라면,++++ 어떻게 행복이 보존될 수 있다고 생각할 수 있겠는가? 시간이 보존될 수 없는데 어떻게 행복이 보존될 수 있다고 생각하겠는가? 시간은 보존될 수 있는 것이 아니다. 시간의 일부로 생각되는 것들 모두는 보존이 불가능하다. 우리가 영원

+ 오거스틴, 《고백록》, XI, xxiv.
++ 오거스틴, 《고백록》, XI, xviii.
+++ 오거스틴, 《고백록》, XI, xxvii.
++++ 오거스틴, 《고백록》, X, xxv.

이란 개념을 생각할 때, 시간은 영원과는 관련이 없다. 시간이 영원히 흘러감이 영원의 의미는 아니다.

시간이란 긴 시간의 지속 한가운데 존재하는 짧은 삽입물과 같다. 시간은 늘 같을 수 없지만, 영원은 늘 같다. 만일 우리가 영원이 아니라 지속을 생각한다면, 즉 시작할 시간도 없는 것〔영원〕이 아니라, 시간이 더 이상 존재하지 않아 그 시간을 훨씬 능가하여 계속하여 존재할 것〔지속〕을 생각할 때, 그것〔지속〕과 비교하여 가장 오래 사는 피조물의 삶이란 얼마나 순간적인가?

태양 또는 나무 한 그루와 비교하여 인간의 삶은 얼마나 순간적인가? 우리가 선함을 받아들일 기회나 순간은 우리의 삶 가운데 얼마나 적은가? 그 순간의 적은 부분이나마 우리는 알아채고 잡았던가? 늘 주시하고 있다가 제때에 붙잡아야 하는데, 그때라는 것이 아무것도 아니라고 할 수 있는 시간으로 그나마 그런 시간의 일부에서 이루어지는 것이 인간의 행복인데, 그 행복이란 또 얼마나 분주하고 당황스런 혼란스러움인가?

그렇기는 하지만 이 세상 최상의 것들 무엇이나 시간을 맞추어 다가오지 않는다면 그들은 아무것도 아니다. 우리가 힘이 없어지고, 취미도 없어져, 혼란스런 나이가 되면 그때야 지난 세월로부터 보상받는 명예, 쾌락, 소유 등이 활동을 하기 위해 얼굴들을 내보이기 시작한다. 영예를 주는 사람들이 볼 수 있게 영예를 받기 위해 나아갈 때 우리가 나갈 수 없이 병약하다면, 그러한 영예는 우리에게 영예가 되지 못하고, 쾌락을 맛볼 감각을 잃은 우리에게 쾌락은 쾌락이 아니며, 늙어서 이제는 무엇을 소유한다는 것조차 귀찮은 우리에게 소유는 소유가 아니다.

젊음은 인간에게 매우 중요한 시기이다.+ 젊음은 그들의 판단의 기준과 의미 부여의 잣대가 되고, 젊음은 그들에게 활기와 의미를 부여하며, 그들에게 영예와 쾌락과 재물을 가져다준다. 그리고 우리가 분별력을 잃을 나이가 되어〔나이가 들어〕 이들 영예와 쾌락과 재물이 주어진다면, 그들은 장례의 교회 종이 울렸는데 주어지는 강심제와 같고, 머리가 이미 잘려나갔는데 사면장이 오는 것과 같다.++

우리는 화롯불이 주는 편안함을 즐거워하겠지만, 어느 누가 뜨거운 여름〔젊음〕에 불가에 가려 하겠는가? 우리는 높은 천장이 주는 신선한 공기와 서늘함에 즐거워하겠지만〔젊음〕, 어느 누가 성탄절에 그런 곳에 있으려 하겠으며〔노년〕, 봄〔젊음〕의 즐거움이 가을〔장년〕의 즐거움과 같을 수 있겠는가? 인간의 행복이 계절과 기후에 영향을 받는다면, 기후에 따라 자리를 바꾸며 무리를 지어 늘 같은 계절을 따라 즐기는 새들이 인간들보다 훨씬 더 행복하다.

\+ 행복을 인생의 시기별로 규정하는 사람들에게 젊음은 매우 중요한 의미를 지니는 시기이다.

++ 사람이 죽어 조종을 울리는데 강심제와 같은 약이 무슨 소용이며, 사형이 이미 집행되어 목이 잘렸는데 사면장이 도착한들 무슨 의미가 있겠는가?

논의

나의 하나님, 나의 하나님, 우리가 살았던 날들에 대한 선악 계산서를 가지고 하나님 앞에 불려나가는 일이 없다면, 우리가 하나님을 "옛적부터 항상 계신 이"[다니엘 7:9]라 부르겠습니까? 우리가 만족할 만한 결과물을 채우기 위해 한없이 세월을 사용할 수 있다면, 우리가 "떠나지 않고 종일토록 놀면서 지내는 일"을 하나님께서 꾸짖으시겠습니까?[마태복음 20:7]

하나님이 내일 일을 위하여 염려하지 말라. "내일 일은 내일 염려할 것이요, 한날 괴로움은 그날에 족하다"라 꾸짖어 말씀하셨을 때,[마태복음 6:34] 하나님은 우리에게 현재의 삶에 관련된 모든 것을 제쳐 놓으라고 하셨습니다. 하나님은 사도를 보내어 갈라디아 사람들을 꾸짖어, "너희가 날과 달과 절기와 해를 삼가 지키라"[갈라디아서 4:10] 말씀하시고, 같은 사도를 골로새에 보내시어 모든 위기의 때에, "먹고 마시는 것과 절기나 월식이나 안식일을 인하여 누구든지 너희를 폄론하지 못하게 하라"[골로새서 2:16] 하셨습니다.

그런데도 하나님은 절기를 구별하는 우리의 모든 생각을 버리라고 하십니까? 하나님은 절기를 가려 지키는 것이 구원의 본질은 아니라고 하셨지만, 하나님은 우리들에게 예배를 돕고, 예배에 활기를 넣기 위해 주기적으로 그리고 날을 정하여 하나님이 우리를 위해 행하신 일들과, 위기, 시련 그리고 결과가 각각 우리에게 어떻게 작용하여 우리를 영적으로 회복시키고, 육체적으로 건강하게 하였는지를 생각하게 하시었습니다.

"구원의 날, 곧 받을 만한 때에 구원의 날이 있을 것이고", 고린도후서 6:2 그 누구도 서 있지 못할, "하나님이 분노하시는 날"요한계시록 6:17이 있다고 하셨습니다. "궂은 날"이 있을 것이라고 경고하시며 우리를 무장시키셨으니, "궂은 날에 설 수 있도록 하나님의 갑옷을 입으라"고 하셨습니다. 에베소서 6:13 지금까지의 나날들은 위기의 날들이었으니, 그날들을 생각할 때마다 그날들은 우리의 영적 건강을 심판하는 날들로, 우리의 육체적 건강이 위기를 맞은 날이었습니다.

하나님이 사랑하시는 종 요한(John)은 가이우스(Gaius)에게 말하기를, "네 영혼이 잘됨같이, 네가 범사에 잘되고, 강건하기를 내가 간구하노라"요한복음 37:2 하였으니, "영혼"이 빈약하면, 시편 106:16 "육체"의 척수는 단지 물에 지나지 않습니다. 그리고 영혼이 시들면, 육체의 기운과 건강은 단지 환영일 뿐으로, 〔육체적으로〕 가장 잘생긴 사람이라 할지라도 단지 끔찍한 영혼을 가지고 있을 뿐입니다.

오, 나의 하나님, 특별한 사람들이 맞게 될 "위기의 해들"〔사망년도〕, 그리고 국가와 왕국의 수명에 대한 "주기년도"에 대하여, 우리는 생각지 말고 논의도 하지 말아야 합니까?+ 우리는

+ 점성술에 따르면 인간의 수명은 7이나 9의 배수, 또는 두 숫자의 배수의 해에 위기를 맞게 되고, 죽음에 이른다.

장수에 대한 논의를 생각하지 말고, "영원한 왕국"에 대한 관심을 보이지도 말아야 합니까?

우리는 호기심을 발휘하여, 가장 오랜 세상의 장자였던 아담(Adam)이 "위기의 해"인 930살이 되는 해에 죽었고,창세기 5:5 그 다음 세상인 노아의 홍수 이후에는 노아의 세 아들 가운데 장자인 셈(Shem)이 "위기의 해"인 600살이 되는 해에 죽었음을 조사하였습니다.창세기 6:10; 누가복음 3:36 믿음의 조상, 아브라함도 "위기의 해"인 175살이 되던 해에 죽었고,창세기 25:7 믿음의 뿌리가 자라는 정원이라 할 축복받은 성모 마리아도 "위기의 해"에 죽었습니다.+

성경에 나오는 인물들의 "위기의 해들"〔사망년도〕을 조사해 보면, "위기의 해들"은 하나님이 메시아에 대한 약속을 실행할 때와 일치합니다. 오, 나의 하나님, 어느 시대 그 누구보다 더 많은 나날들을 사는 우리는 이들 나날들을 충분히 이용하지 못하고 있는 것 아닙니까? 우리는 선지자들의 시대인 최초의 시대뿐 아니라, 하나님이 자신의 아들을 통하여 말씀하신 마지막 시대를 살고 있습니다.히브리서 1:2

"우리는 낮에 속하였으니"데살로니가전서 5:8 하나님은 데살로니가 사람들에게 하였듯이 우리들에게도 또한 정오와 같이 환하게 비추십니다. "밤에 속하였던 자들"(그들이 스스로 밤을 택하였다) 바

+ 외경에 따르면, 마리아는 예수가 승천한 후 2년 뒤, 22년 뒤, 24년 뒤에 사망하였다는 여러 이론이 있다.

리새인들은 말하기를, "만일 우리가 조상들이 살았던 시대(이들 표시된 시대, 이들 위기의 시대)에 살았더라면, 우리는 선지자의 피를 흘리는 데 참여하지 않았을 것이다"라 허풍을 떨었습니다. 마태복음 23:30

선지자의 시대가 아닌 예수 그리스도의 시대에 사는 우리는 분명한 징후들과 결정적인 증거들이 우리에게 주어졌음에도 불구하고, 이들 선지자들에게 다시 돌을 던지고, 예수를 십자가에 다시 못 박고 있지 않습니까?

하나님의 아들 예수에 대적하였고, 서로들도 적대하였던, 헤롯왕 지지파들과 바리새파들에게 결정적인 하루가 되어, 나라 전체가 예수에 반기를 들었을 때, "그들은 와서 세납에 관한 위험스런 질문으로 예수를 시험하였습니다."마태복음 22:17 그들이 예수를 떠나자, 사두개인들에게 결정적인 날이 되었으니, 마태복음 22:36 "사두개인들이 예수에게 와서 부활에 관한 질문을 하였을 때"마태복음 22:23 예수는 그들을 침묵시켰고, 그들이 떠나자, 이번에는 법률전문가인 율법사에게 결정적인 날이 되었으니, 그 율법사는 자신이 헤롯당원들, 바리새파들 그리고 사두개파들 그 누구보다 학식이 더 많다고 생각하고, 율법 가운데 가장 큰 계명이 무엇인지를 예수에게 물어 시험하였습니다. 마태복음 22:35 예수는 그가 더 이상 대답할 힘도 없게 하시었습니다.

모든 것이 끝나고, 그들이 다시 모여 소란과 시험을 다시 시작하려 할 때, 그리스도는 다가올 심판의 날, 그날에나 경험할 수 있는 결정적 순간을 그들이 경험하게 하여, 그들에게 결정적 순간이 무엇인지를 보여줌으로 그들을 침묵시키셨습니다. 마태복음 22:46 하나님의 성령이 말씀하시기를, "그날부터 그에게 감히 묻는 사람이 없었다"라고 하셨습니다.

오, 나의 하나님, 나의 축복의 하나님, 우리가 하나님을 버리기에 가장 적합한 날들이 언제인가를 연구하고, 찾고, 발견하려고 하는 그날이야말로 우리가 두려워해야 할 위기의 순간이요, 두려워할 징후의 날입니다.+ 그때 우리는 종교가 그 무엇에도 간섭하지 않게 하고, 세상 모든 일에 중립을 지켜, 그날이야말로 나의 날, 자유의 날이라고 할 것입니다. 자, 이제 나는 나의 옛 종교를 바꾸고, 새로운 친구들을 사귈 것이니, 오늘이 나의 날로, 진보의 날이 되리라고 말할 것입니다.++

그러나 오, 나의 하나님, 하나님의 종 야곱(Jacob)은 신성한 용감성으로, "비록 천사가 그를 상처내었지만, 천사가 그에게 축복을 내릴 때까지, 천사를 놓아주지 않았습니다." 창세기 32:26 비록 하나님이 나의 관 위에 나를 놓으실지라도, 하나님은 나에게 위기, 심판을 내리시는 그날까지 이 병상을 떠나시지 않으실 것입니다. "주님께는 하루가 천년 같고, 천년이 하루 같다" 베드로후서 3:8 고 하셨으니, 오, 주여, 하루를 나에게 1주 같게 하시어, 이

+ 하나님을 버리는 날이 위기의 날이요, 결정적인 날이다.

++ 종교를 버리고 인간들은 자유를 얻었다 하고, 중립이라 하고, 진보라고 말한다.

하루를 7일, 7일의 결정적 날들이 되게 하십시오. 그리하여 내가 나 자신을 심판하게 하시고, 내가 하나님으로부터 심판받지 않게 하소서.

먼저, 오늘 하나님이 나에게 오셔서, 나를 방문하셨습니다. 내가 하나님에게 환영받고 있어 보입니까? 하나님이 나에게 오실 때, 내가 하나님을 즐겁게 합니까? 위대한 사람이 우리를 방문하였을 때, 우리는 그의 복장이나 그의 장구나 그가 올 때의 장엄함으로 그를 판단하는 것이 아니라, 그가 왔다는 그 자체 하나로만 판단합니다.

어찌 되었든 하나님이 나를 찾아오셨으니, 그것은 나에게 하나의 위기의 순간으로, 그것은 하나님이 나를 버리시지 않으신 징표가 됩니다. "첫 번째 날" 하나님은 병중의 나를 방문하시고, "두 번째 날" 위기의 순간에 하나님은 나를 나의 양심의 시금석인 빛으로 인도하였습니다. 그때 나는 "저녁"과 "아침"을 맞게 됩니다. 나의 영혼은 죄의식으로 슬퍼하지만,〔저녁〕 하나님의 아들을 향하여 기뻐하며 올라갑니다.〔아침〕 하나님은 창조를 시작한 날 "저녁"과 "아침"에 대하여 말씀하셨지만, "밤"에 대하여는 언급이 없었습니다. 죄들에 대한 나의 슬픔은 "저녁"입니다. 죄들은 밤에 심판되지 않고, 하나님의 말씀과 하나님의 아들에 의해, 우리의 양심이 수정되고, 정죄되고, 죄 사함을 받습니다.

이제 나의 양심의 위기와 점검이 시작되는 "세 번째 날"에 이릅니다. 나는 하나님이 말씀하신 성찬식을 통하여 하나님의 아들 예수를 받아들일 준비를 하며 나 자신 마음을 가다듬습니다. 이날 불필요한 논의들로 자신을 얽매어 위험에 빠지는 사람들은 어두운 복도들과 미끄러운 계단들을 자주 마주치겠지만, 그곳은 누구나 하나님이 예비하신 여정을 마칠 수 있을 정도의 빛은 있습니다. 빵과 포도주가 하나님의 아들의 살과 피이었듯이, 나는 성찬식의 의식에 참여함으로, 그날의 빵과 포도주가 나의 살과 피도 된다는 것을 알게 됩니다.

오, 나의 하나님, 하나님이 방문하신 날과, 나의 양심이 위기에 처했던 날, 그리고 화해의 봉인을 준비했던 날, 이 3일 동안 하나님과 함께 걸었음으로, 나는 나의 "용해"〔죽음〕와 "이주"〔죽어 하늘로의 이주〕가 있을 제 4일의 구름과 폭풍을 덜 두려워하게 됩니다. 죽음의 기억을 고통스럽게 하는 말로, 행복이란 단어만 한 것은 없습니다. "오, 죽음이여, 재산이 있어 편안히 사는 사람, 그를 불쾌하게 하는 것이 아무것도 없는 사람, 이제 제대로 겨우 밥을 먹을 수 있게 된 사람, 그들 모두에게, 죽음, 너를 기억한다는 것은 얼마나 가슴 아픈 일이겠는가?"외경 솔로몬의 지혜 41:1

오, 나의 하나님, 하나님은 이 병으로 내가 음식을 먹을 수 없어 금식하게 하시어 큰 잔치, 나의 용해〔죽음〕를 준비하게 하시었습니다. 죽음의 날, 제 5일에 하나님은 나를 부활의 날로 인도합니다. 우리가 무덤에 있는 날을 하나님이 아무리 긴 하루로 하실지라도, 무덤에 있는 날〔죽음〕과 부활은 같은 날입니다. 우리는 모두 부활의 날에 육체의 옷을 다시 입을 것입니다. 전생에 올바르게 산 사람들은 찬란한 영광의 옷을 입을 것이고, 그렇지 못한 사람들은 예전의 옷, 죄악의 육체의 옷을 입도록 저주를 받아서 고통의 영원함의 옷 이외에 달리 입을 것이 없을 것입니다. 부활의 날에 나는 깨어나 나의 육체는 나의 영혼을 다시 입을 것이고, 나의 육체는 그리스도의 몸으로 다시 지음을 받을 것입니다.

그리고 제6일, 심판의 날에 나는 하나님께 부활한 육체와 영혼을 보여드릴 것입니다. 그날은 분명 위기의 날, 심판의 날이 될 것입니다. 그때 모든 심판이 나의 앞에서 이행될 것이고, 세상을 심판하는 자리에 나도 함께할 것입니다.

그때 나에게도 심판이 내려지고, 제7일이 되면 나는 하나님의 평안과 하나님의 영광, 하나님이 주시는 기쁨과 하나님이 보시는 앞에서 하나님과 함께하는, 나의 영원한 안식을 누릴 것입니다. 그리고 나는 삼위일체 하나님이 세월을 만들기 이전, 하나님의 아들과 하나님의 성령이 하나님 아버지와 함께 살았듯이, 이후는 더 이상 세월을 헤아리지 않고, 하나님과 함께 영원히 살 것입니다.

기도

오, 영원하시고 가장 자비로우신 하나님. 빛을 창조하시기에 앞서 어둠을 허용하셨지만, 빛을 만드시면서 그 빛을 매우 강력하게 만드시어 낮뿐 아니라 밤도 밝히신 하나님. 나의 영혼을 드리우는 그림자로 슬픔과 고독의 구름을 허용하셨지만, 나는 하나님의 신성한 이름을 겸허히 축복하고, 감사하며 그 이름이 영화롭기를 기원합니다.

하나님은 성령의 빛을 나에게 주시어, 어둠의 왕자라 할지라도 우리의 가장 어두운 밤들, 우리의 가장 슬픈 생각들을 빛으로 밝히시는 하나님을 어찌지 못하고, 방해할 수도 없습니다. 하나님의 축복된 성령이 축복된 성모 마리아를 방문하실 때 그 빛이 성모를 감싸 보호해줄 것이라고 하셨습니다.[누가복음 1:35] 빛의 근원 되시는 성령이 성모와 함께하여 성모를 감싸 보호해 주셨습니다. 성령이 임재하지 않은 곳에는 빛도 없고 감싸 보호할 그림자도 없습니다.

하나님의 자비로운 섭리가 병과 관련한 모든 것에 함께하시어, 내가 완전한 어둠에 싸여 하나님에 대한 무지 또는 나 자신에 대한 무관심에 빠지지 않게 하소서. 나를 감싸는 그림자들, 즉 성령의 약화와 나 자신을 비난하는 일이 하나님의 저항할 수 없는 빛의 능력, 위로의 하나님 앞에 무릎 꿇게 하소서. 이들 그림자들이 나를 정복하는 그런 일이 나에게 일어날 때, 나는 회복할 수 없는 어둠에 빠지게 될 것이 분명하오니, 하나님의 성령이 그 그림자들을 물리치시어 나를 밝은 대낮 가운데 두시옵소서.

그날은 나에게 심판의 날이 되리니, 나는 스스로 하나님의 심판을 나 자신에게 내릴 것입니다. 그리고 하나님의 아들 예수가 사도들에게 하신 "보아라, 내가 세상 끝날까지 항상 너희와 함께하리라"마태복음 28:20란 말씀을 나는 기억할 것입니다.

15

나는 밤낮으로 잠 못 이룬다

Iterea insomnes noctes Ego duco, Diesque

묵상

비기독교인은 "잠"의 쓰임에 대해 두 쌍을 생각한다. 잠은 현세의 육체를 새롭게 하고, 저 세상에 있을 영혼의 예행연습이다. 잠은 축제이고, 그 축제에 내린 은총이다. 잠은 우리를 새롭게 만들어 우리를 즐겁게 하고, 잠은 우리의 교리문답으로 우리를 교육시킨다. 우리는 더 강해져서 깨어날 것이라는 소망을 가지고 잠자리에 눕는다. 어떤 때는 더 이상 잠자리에서 일어나지 못할 수도 있다는 생각을 하면서 잠자리에 눕기도 한다. 잠이란 우리에게 휴식을 주는 마약이지만, 그 마약을 맞고 누웠다가 다시는 깨어나지 못할 수도 있다.

부수적이고 비유적 개념들에 대하여 생각하는 비기독교인은 잠을 부수적이고 상징적 의미로 사용하여, 잠이란 자신의 일을 모두 마친 하나님, 곧 죽음의 화신이 아니냐고 말하지만, 자연이 일을 시작하기 전(자연이란 하나님의 도제로, 처음 7일 동안 일을 배우고, 지금은 하나님의 관리인으로, 하나님이 시키는 일을 하고 있다), 하나님은 육체적인 휴식으로 인간을 새롭게 하기 위하여 단지 잠을 이용하셨을 뿐이지, 죽음의 비유로 잠을 이용하시지는 않았다. 하나님은 죽음 그 자체를 만들 생각을 하지 않으셨다.

그러나 인간이 마음대로 죽음을 끌어들이자, 하나님은 인간의 창조물인 죽음을 인간의 손에 넘겨주시며, 죽음의 모습을 다시 바꾸어 놓으셨다. 인간이 자신이 만든 창조물을 두려워할 정도로 그렇게 죽음이 무서운 모습과 얼굴을 하자, 하나님은 죽음의 모습을 친숙하고, 마음에 들고, 받아들일 만한 잠의 모습으로 만들어 인간에게 주셨다. 그러므로 인간은 잠에서 깨어나, "내가 잠들어 있었을 때의 나와, 내가 죽었을 때의 내가 별로 다를 것이 없다"라고 자신에게 말하면서, 잠과 너무나 닮은 죽음의 끔찍하고 무서운 모습을 생각해낸, 백일몽과 우울증에 대해 부끄러워할 것이다.

우리가 70세의 수명을 누리기 위해 잠을 필요로 하듯이, 우리가 살 수 없는 그 미지의 삶을 살기 위해서 우리는 죽음이 필요하다. 그리고 죽음은 우리의 적으로 하나님은 우리가 죽음에 대항하여 우리 자신을 방어할 것을 허용하셨고 (우리는 매일 2회씩 음식을 먹어 죽음과 싸운다), 잠이 그러하였듯이 죽음도 달콤하게 하시었으니, 마치 잠이 죽음이기라도 하듯이, 우리는 매일 한 번 우리의 적〔잠〕의 손안에 우리 자신을 맡긴다. 음식이 생명이듯이, 잠은 죽음이다.

이것은 바로 나의 병의 비참함이기도 한데, 나로부터 만들어진 그 죽음은 나 자신의 창조물로 지금 나의 눈앞에 있지만, 내가 보는 죽음은 우리가 받아들일 만하게 하나님이 만드신 잠의 모양이 아니다. 자신들의 〔죄의〕 무게에 따라 자신들의 무덤을 파고 있는 것이기는 하지만, 얼마나 많은 죄수들이 땅 위에 자신들의 무덤들을 스스로 파놓고 이 시간에도 무거운 족쇄들을 차고 그 무덤들 위에 누워 잠들어 있지 않은가? 오늘 자신의 친구가 죽어가는 것을 보았거나, 내일 또 다른 친구가 죽는 것을 보게 될 것을 아는 사람이라 할지라도 오늘과 내일 사이에 잠에 빠져들겠지만, 나는 잠을 잘 수가 없다.

오, 만일 더 이상 시간의 구별이 없는 영원 속으로 내가 빠져들어가는 것이라면, 지금 내가 시간을 이야기하는 일이 무슨 의미가 있겠는가? 나의 가슴이 내려앉듯이 나의 눈꺼풀이 내려앉을 수도 있으련만, 왜, 나의 가슴의 무겁게 내려앉음은 나의 눈꺼풀 속으로 전해지지 않는 것일까? 왜, 모든 사물들에 대한 기쁨을 잃었는데도 나는 잠들어 나의 눈을 감음으로 사물들을 바라보는 능력을 단절시킬 수가 없는가? 계속해 깨어 있어 더 이상 잠들 수 없는 상태에 들어가 있으면서도, 왜, 나는 내가 이곳에 계속해 깨어 있는 것이 잠을 준비하는 것, "안식일 전날의 준비일"이라고 해석하지 않는가? 마가복음 15:42

논의

나의 하나님, 나의 하나님, "이스라엘을 지키시는 분은 졸지 않으시고 주무시지도 않으시는 분임"을 시편 121:4 나는 압니다. 하나님이 지키시는 이스라엘은 잠들지 않습니까? 내가 알기로, 잠들지 못하는 것이 그들에게는 지옥인 사람들이 있습니다. 하나님이 구원하셔서 그들이 잠들지 못하는 것입니까? 아니면 "하나님은 사랑하는 자에게 잠을 주신다"시편 127:2 하였는데, 그들이 하나님의 이스라엘이고 하나님이 그들의 구원자라는 증거와 증언을 그들에게 부인하는 것입니까? 나도 하나님이 사랑하시는 징표를 잃게 되는 것입니까?

"너희가 누우라, 너희를 두렵게 할 자가 없게 하리라"레위기 26:6라고 말씀하셨는데, 나는 그러한 보호를 받을 자격이 없는 것입니까? 요나(Jonas)는 "위험한 폭풍 속에서도 잠들었고"요나 1:5 "바다에 큰 파도가 일어나 물결이 배에 덮이게 되었으나 예수는 주무시었습니다."마태복음 8:24 나는 이러한 중요한 실례들을 이용하지 못하고, 혜택도 받지 못하고, 적용받지도 못하는 것입니까? 하나님의 아들의 사도들이 나사로(Lazarus)에 대해서 말하기를, "주여, 그가 잠들면, 그가 병에서 나을 것입니다"요한복음 11:12라고 말했습니다. 그 논의에 근거하여, 나는 똑같이 말할 수는 없습니까? 아니면 나는 그 반대의 경우에 해당되는 것입니까? 내가 잠들지 않으면, 제자들이 말하였듯이, 나는 낫지 않을 것입니까?

오, 나의 하나님, 내가 이 논의를 너무나 문자적으로, 정확히 받아들이지 않게 하소서. 하나님의 현명한 종 솔로몬은 말하기를, "밤낮으로 자지 못하고 수고하는 자도 있다"[전도서8:16] 하였습니다. 그가 그 말을 할 때, 세속적인 인간들에 대하여 말한 것인지, 아니면 지혜를 찾는 자들에 대해 말한 것인지, 그들의 노고를 정당하게 말하는 것인지, 아니면 비난하여 말한 것인지, 우리는 알 수 없습니다.

"악을 행하지 못하면 자지 못하고, 사람을 넘어뜨리지 못하면 잠이 오지 않는 사람들이 있어"[잠언 4:16] 그들은 그런 일들을 하고서야 잘 수 있습니다. "부자는 배부름으로 자지 못한다"[전도서 5:12]는 말씀도 있습니다. "사람들이 잠잘 때 그 원수가 와서 곡식 가운데 가라지를 덧뿌리고 갔다"[마태복음 13:25]라는 말씀이 있고, "그의 제자들이 밤에 와서 우리가 잘 때에 그를 도적질하여 갔다"[마태복음 28:13]라고 무덤을 지키는 보초들이 말하자 장로들은 그 말을 그럴듯한 변명으로 믿을 만한 거짓말이라 생각했습니다.

하나님의 축복된 아들은 그의 제자들이 "잠들었다"고 꾸짖었으니,[마태복음 26:40] 나는 잠들지 않았기에 두려울 것이 없는 것입니까? 삼손(Samson)이 가자(Gaza)에서 좀더 잠을 잤다면 그는 붙잡혔을 것입니다.[사사기 16:3] 삼손은 델릴라(Delilah)와 좀더 잠을 잤기에 잡혔습니다.[사사기 16:19] 성경에서 잠은 휴식이고, 동시에 죽음입니다.

때때로 잠은 죄라고 할 정도로 심각한 의미를 지닐 뿐 아니라,[에베소서 5:14] 죄의 형벌인 죽음이기도 합니다.[데살로니가전서 5:6] 하나님이 너희가 "영원히 잠들 것이다"라는 무섭고, 돌이킬 수 없는 비난의 말을 할 때, 잠은 위로가 되지 못합니다. 하나님은 말씀하시기를, "내가 연회를 베풀고 그들로 취하여 기뻐하다가 영원히 잠들어 깨어나지 못하게 하리라"[예레미야 51:39] 하셨습니다.

그러니 내가 잠자지 못하고 깨어있음을 잘못 이해하기 전에, 오 나의 하나님, 나는 잠자는 일에 대해 좀더 생각해야겠습니다. 나는 하나님의 모든 "손가락들"〔섭리〕이 가벼움을 아노니, 어느 손가락이 무겁겠습니까?+ 모든 병은 하나님의 섭리이시니, 내가 불평한다고 해서 병에 문제가 생겨 나에게 해독이 되겠습니까?

늘 경계해야 하는 일은 우리가 해야 할 일입니다. 하나님의 선지자들은 볼 수 있는 능력을 가진 보는 자들이었을 뿐 아니라, 늘 보는 일만 하는 경계하는 사람이었습니다. 오, 나의 축복의 하나님, 하나님의 아들의 신부가 하였던 말, "내가 잘지라도 마음은 깨었다"[아가 5:2]라는 말을 바꾸어, 나는 깨어있으나, 마음은 잠들었습니다. 나의 육체는 병들어 피곤하나, 나의 영혼은 하나님과 함께 평화의 안식을 취합니다.

우리가 건강할 때 우리의 눈이 별들에 고정되기까지 우리의 눈은 곁에 있는 공기를 보지 않고, 불을 보지 않고, 천체들을

+ 하나님이 하시는 일 모두는 우리가 감당할 만큼의 분량이다.

보지 않고, 어떤 것에도 눈을 멈추지 않듯이, 그렇게 나는 눈을 뜨고 있지만 이 세상의 그 무엇도 보지 않고, 모든 것을 지나쳐, 하늘에 계신 하나님의 평화와 기쁨과 영광에만 눈을 고정시킵니다.

하나님의 사도는 우리가 너무 불안해하지 않도록 "우리 잠들지 말자"데살로니가전서 5:6라고 말하였지만, 그래도 우리가 잠들면, "깨어있든지 잠자고 있든지, 늘 그리스도와 함께 살도록 합시다" 데살로니가전서 5:10 라고도 말했습니다. 잠이 없다면 깨어남도 없어 죽음이 함께함을 말하는 것이 되지만, ("원안"이 "사본"을 배제하고, "삶"이 "모방"을 배제한다), 나의 영혼의 휴식이라 할 이 부드러운 잠은 해체의 방식이기는 하지만, 그 해체는 내가 해체됨이 없이 결혼하게 될 하나님과의 약혼을 말하기도 합니다.

기도

오, 영원하시고 자애로우신 하나님. 병들어 있는 하나님의 종들의 병상들을 안식의 교회로 바꾸시고, 하나님의 종들의 꿈들을 하나님에 대한 기도와 명상으로 만드시는 하나님, 하나님이 주신 이 지속된 불면의 시간들이 나를 불안하게 하거나 불편하지 않게 하시고, 내가 하나님과 함께하느라 잠 못 자는 핑계 되게 하소서. 나의 육체의 상태와 관련하여 나의 불면이 어떠한 의미를 지니는지 생각할 때, 의사들도 나와 같이 생각하게 하소서.

나의 영혼의 의사 되시는 하나님, 나의 영혼이 하나님을 향해 영원히 늘 깨어 있으면서 또한 하나님과 함께 영원히 잠들 수 있는 그러한 "약"을 영혼에게 처방한 것입니까? 이 병을 통해 이들 불면증이 가져오게 될 모든 쇠약과 혼란으로부터, 하나님은 나의 이해력을 보호해주실 것입니까? 하나님은 병의 폭력이 있기 전부터 나를 생각하고 계시었으니, 하나님은 나의 병을 죄라고 부르시지 않으시겠지요?

나는 지울 수 없이 중한 죄를 이 세상에 가져왔습니다. 그리고 그 후에도 나는 수많은 중죄들을 계속하여 지었습니다. 나는 임의로 하나님의 집회에 가지 않았고, 하나님의 예배에 불참하는 방식으로 하나님 등 뒤에서 죄를 지었으며(만일 그럴 수 있다면 그렇게 하였습니다), 하나님이 보는 앞에서 기도중에 위선자로 겉치레하는 죄를 지었고, 하나님의 말씀을 설교하는 가운데 나 자신을 높이는 죄를 지었습니다. 궁색하여서 먹을 것이 부족할 때 나는 불평하며 "금식"하는 가운데 불평함의 죄를 지었습니다. 나는 천상의 음식과 건강을 누리며 하나님의 식탁에 앉아있을 때 충만함 속에서 죄를 지었으니, 〔교회에서 감독 일을 할 때 교구를〕 잘 살피지 않고 임의로 의무를 게을리 하였습니다.

그러나 오, 나의 자비의 하나님, 지금까지 지은 모든 죄들에도 불구하고 하나님은 하나님의 계획 가운데 나의 이름을 "생명의 책"에 쓰시고, 나를 선택받은 자들 가운데 두셨음을 나는 압니다. 이 병으로 내가 길을 잃고 비뚤어진 길로 들어설지라도, 오, 하나님, 나로 인하여 기뻐하셨던 그때로 돌아가셔서, 그때 그 상태로 나를 돌보아 주시옵소서.

16
타인의 장례식을 알리는 인접한 교회 종소리를 듣고, 나는 매일 나의 장례식을 생각한다

Et properare meum clamant, è Turre propinqua, Obstreperae Campanae aliorum in funere, funus

묵상

마기우스(Hieronymus Magius: 1523~1572)가 터키 감옥에 수감되었을 때, 그는 내가 지금 다루려는 주제와 부합하는 종에 관한 논문을 썼다. 만일 그가 이 병상에서 나의 동료 수감자였다면, 그는 천체들의 화음에 못지않게 종소리가 끊이지 않고 들리는 종탑에까지 자신의 관심을 넓혔을 것이다. 터키인들이 콘스탄티노플을 정복했을 때 그들은 종을 녹여서 병기를 만들었다.

나는 종소리도 들어보고, 병기의 소리도 들어보았지만, 종의 수가 30개 이상이나 되는 노트르담 성당(Cathedral of Notre Dame) 종탑 가까이에 숙박하였을 때 들었던 종소리만큼 그렇게 감명을 받은 때가 없었다.+ 그 외에도 나는 종의 추 무게가 600

+ 던(Donne)은 1612년 앤트워프(Antwerp)를 방문하여, 그곳에 머물러 있는 동안 노트르담 성당 근처에 숙박하였다.

파운드 이상 나가는 매우 큰 종을 가진 루앙 성당의 종탑(Tour de Beurre of Rouen Cathedral)의 종소리를 들은 적도 있다.+ 그러나 그곳에서의 종소리는 이곳의 종소리만큼 마음에 와 닿지 않았다.

이곳에서 울리는 종소리는 한 개인의 엄숙한 장례를 알리기 위해 울리는 것은 아니겠지만, 나는 그 죽은 사람을 알고 지냈는데, 그는 나의 이웃이었다. 우리는 이웃하여 가까이 살았지만, 이제 그는 언젠가 내가 따라가야 할 "집"〔천국〕으로 가버렸다. 위대한 사람들의 자제들을 바로잡는 한 가지 방법으로 그들을 대신해서 그들의 이름으로 다른 아이들이 벌을 받는 방법이 있다. 이 방식은 누구보다 더 바로잡아져야 할 사람들에도 적용된다.

종소리가 한 사람이나 그 이외에 다른 사람을 땅에 묻고 있음을 알릴 때, 그 죽은 사람들은 나 때문에 "벌"을 받아 내가 진 "빚"을 대신해서 갚고 있는 것은 아닐까 하는 생각이 든다. 어느 수도원에 종이 하나 있어 그곳에 사는 수도승 중에 누군가 병에 걸려 죽음의 지경에 이르게 되면, 항상 그 종이 저절로 울려서 그의 병이 절박함을 구성원들에게 알렸다. 한 번은 병든 사람이 없는데도 종이 울렸다. 이튿날 보니 수도원 건물들 가운데 어느 하나의 첨탑에서 수도승 한 명이 떨어져 죽어있었다. 이후 그

+ 던은 1611~1612년 겨울 프랑스 루앙 성당을 방문하였을 때 그 종소리를 들었다.

종은 예언능력이 있다는 명성을 얻게 되었다.

지금 장례를 알리는 저 종소리가 그 누구에게도 해당되는 것이 아니라면, 저 종소리는 나의 죽음을 예언하는 것은 아닐까? 죄수의 처형을 지켜보는 사람들이 간수에게 왜 저 죄수가 죽게 되었는가를 물었을 때, 얼마나 많은 사람들이 간수가 대답으로 열거한 죄수의 죄들이 바로 질문을 한 자신들의 죄의 내용들과 같다고 생각할까? 어떤 사람도 예외는 없으니, 우리는 우리가 바로 그 사람이었을지도 모른다는 생각을 하게 된다.

지금 무덤으로 실려 가는 그 사람이 왜 나는 아닌가? 내가 타인의 자리에 서 있거나 앉아 있을 수 있다면, 나는 타인의 무덤에도 누워 있을 수 있는 것 아닌가? 나는 가장 미천한 자들조차 많이 지니고 있는 좋은 부분들을 가지고 있지 못하면서도, 가장 약한 자들조차 지니고 있는 죽음은 갖추고 있다. 그들이 나보다 훌륭한 자질을 가지고 태어났을지 모르지만, 그들도 나만큼 많은 결함을 가지고 있다.

죽어가는 것을 보여주기 위하여 무덤에 직접 눕는 성직자이든, 육체가 부패하는 병들의 예를 들어 죽어가는 것을 가르치는 의사가 되는, 나이가 나보다 더 든 노인들이 있기는 하겠지만, 심각한 열병의 지속으로〔죽을 병을 앓았다〕, 훌륭한 대학의 교육과정을 급히 마치고 짧은 시간에 먼 길을 갔다〔병을 통하여 누구보다 죽음에 대하여 많이 알게 되었다〕. 오늘 종을 울려 누구를 땅에 매장할지를 결정하여야 할 때, 어제 죽은 그와 내가 비교된다면,

그보다 내가 더 적합하다고 나는 생각할 것이다.

하나님은 손안에 죽음의 권한을 갖고 계시어서 어느 누구도 죽음을 매수하지 못하게 하신다. 만일 인간이 죽음으로 얻게 되는 죽음의 평안함을 안다면, 그는 그가 사용할 수 있는 모든 수단을 동원해서 그가 죽을 수 있도록 그를 도와달라고 애원할 것이다. 그러나 사람들의 신앙고백 가운데 많은 것들이 이루어지는 것을 보면, 그러한 지식이 언젠가 그들에게도 알려질 것이라는 소망이 있다. 이들 매 시간 울리는 종소리가 많은 사람들의 죽음에 대하여 이야기할 때, 비록 죽음을 원하는 것은 아닐지라도, 나의 차례가 언제 오든지 간에, 그 종소리는 나에게 하나의 위로가 된다.

논의

나의 하나님, 나의 하나님, 나는 하나님께 이의를 달려는 것은 아닙니다. 나는 감히 이의를 달려는 사람들에게 이의를 제기하려 합니다. 교회의 종소리로 장례식의 예식을 용인하신 하나님께 누가 감히 이의를 달겠습니까? 이방인들이 종소리를 울리며 의식을 수행하기 때문에 기독교인들은 종소리 예식을 거부해야 됩니까? 이방인들이 장례식에 종소리를 울려, 기독교인들 사이에 불만이 있을 수 있다는 것이 종소리 의식을 거부하는 이유입니까? 이방인들이 종소리를 울리는 것은 악령을 쫓기 위한 것이라는 것으로 충분하지 않겠습니까?

종소리가 울리면 악령이 혼란스러워 할 것은 사실입니다. 종소리가 울려 교인들이 모이게 되면, 교인과 하나님이 함께하여 악령이 빼앗은 왕국을 파괴합니다. 이 세상에 처음 하나님의 교회를 세울 때 하나님은 유태인들 가운데 하나님의 "전사들의 교회"를 세우시고, 나팔을 불어 사람들을 모으라고 모세(Moses)에게 일렀습니다. 민수기 10:2 사람들이 모였을 때 하나님은 하나님의 사제들의 옷에 방울을 달아 울리게 했습니다.

하나님은 교인과 사제에게 "승리의 교회"〔천국〕로 들어오라고 하시지만, 순서가 바뀌었으니, 우리는 종소리가 나야 "승리의 교회"로 들어갈 수 있습니다(우리는 죽어야 그곳에 들어갈 수 있습니다). 그리고 부활의 날에 나팔 소리와 함께, 우리는 더욱 멋지게 되거나, 더욱 완성됩니다. 마태복음 24:31 하나님은 하나님의 나팔 소리를 세속적인 경우와 공적인 경우 모두 사용하시지만, 종소리만은 단지 성스럽게 사용하십니다.

하나님은 우리가 성인들과 교통하는 것을 막지 않으시고, 우리가 그 길로 더 나아가게 하셨습니다. 우리를 전사의 교회에 서로 모이게 하시어 우리가 서로 흩어지지 않게 하셨고, 우리를 승리의 교회와 함께하도록 하셨습니다. "어제"라는 집에서 인생의 여정을 마친 그를 위한 장례의 종소리가 지금 울리고 있습니다. 왜 지금 종이 울리는 것입니까? 하나의 세계이기도 한 인간은 세상에 있는 모든 것을 갖추고 있습니다. 인간은 군대와 같아, 군대가 행진할 때, 전위부대는 후발부대가 내일에나 올 곳에 오늘 야영을 할 것입니다. 인간은 그가 행하는 그의 행위와, 그가 가르치는 그의 사례로 자신을 확장합니다.

그와 관련된 것들이 그렇게 그를 확장하듯이, 이들 종소리도 그렇습니다. 어제 울렸던 종소리는 그를 세상 바깥으로 끌어내어, 그의 선두에 그의 영혼이 앞서게 하였습니다. 그러나 오늘 울렸던 종소리는 후미에 두었던 그의 육체를 교회로 실어가게 합니다. 그가 교회로 들어간 뒤에도 종소리가 계속 울리며 내가 그와 하나가 되게 합니다. 나는 누워서 "시편"의 낭독소리를 들으며 장례식 자리에 모인 교인들과 함께합니다. 나는 설교를 들을 수 없으니, 종소리들이 나에게 설교를 되풀이합니다.

그러나 오, 나의 하나님, 나의 하나님, 열병에 걸린 나도 또한 죽어야 한다는 기억을 상기하는 것 말고 달리 할 것이 없습니까? 나 자신의 빛바랜 목소리가 그 사실을 나 자신에게 알리기에 충분하지 않습니까? 나의 얼굴이 해골인데, 해골 모양이 박힌 반지를 볼 필요가 있습니까? 나의 가슴이 해골을 품고 있는데, 죽음을 보려고 이웃에 갈 필요가 있겠습니까?

오, 나의 하나님, 우리는 종교의 의무들을 생각하면, 도움들을 지나치게 요구할 수 없습니다. 나는 하나님의 아들보다 하나님의 모습을 잘 알지 못하고, 예수의 복음보다 예수의 모습을 잘 알지 못합니다. 예수에 대한 역사적 그림들이 때때로 내가 빠져들었던 다른 어느 때의 명상들보다 나를 더 훌륭한 명상에 빠지게 하였음에 감사하고 있습니다. 나는 그 사실을 자백하지 말아야 합니까?

하나님의 교회는 하나님의 영광이나 우리의 예배를 더 높이기 위한 수단들을 유태인이나 이방인으로부터 받을 필요가 없음을 나는 알고 있습니다. 하나님의 교회는 절대로 필요한 것은 없음을 나는 압니다. 그러나 우리가 하나님에게 감사해야 할 것은, 교회가 그럴 수 있게 하셨는데, 우리를 기독교인으로 만드시면서 우리가 전에 비-기독교인이었던 사실을 파괴하지 않으셨습니다.

기독교인으로 우리가 우리의 종교적 헌신을 강화할 때, 하나님은 우리가 계속하여 이전의 비-기독교인의 감정에 영향을 미쳤던 도움을 계속하여 받는 것에 기뻐하셨습니다. 하나님은 선한 기독교인을 사랑하시듯이 선한 인간을 사랑하십니다. 은총은 오직 하나님으로부터 나오는데, 하나님은 선한 본성이 아니면 은총을 내리시지 않으십니다.

기도

오, 영원하시고 가장 자비로우신 하나님. 우리의 살아있는 육체를 하나님의 신령한 영혼으로 성스럽게 하시며, 우리를 "성령의 성전"고린도전서 6:19으로 만드시어, 영혼이 이들 성전에서 빠져나올 때조차, 이들 성전에 경의가 주어지기를 요구하십니다. 영혼이 육체를 떠날 때, 하나님은 육체에 경의를 요구하십니다. 나는 하나님의 이름을 축복하고 영광되게 하나니 하나님은 우리의 인생을 돌보시어 우리의 머리카락을 세시옵니다. 하나님은 우리가 죽은 후에도 우리 유해의 모든 부분을 돌보시는 분이십니다. 하나님은 살아서나 죽어서나 우리에게 선하시니 우리가 살아서 신성한 인생으로 서로에게 이익이 되기를 바라듯, 우리의 죽음에 뒤따르는 모든 것들에도 서로 이익이 있기를 바라십니다.

명상을 통하여 나는 이들 종소리가 울리며, 우리의 죽은 형제가 무덤으로 실려 갈 때 나에게 말하는 것과, 그 종소리가 들려주는 나의 장례식 설교를 듣습니다. 오, 하나님, 하나님은 큰 부자 다이비즈(Dives)가 아브라함(Abraham)에게 요청한 것을 내게 이루셨으니, "하나님은 죽은 자 가운데 한 사람을 보내시어 나에게 말하셨습니다."누가복음 16:19~31 죽은 자는 종탑으로부터 나에게 크게 말하고, "죽음의 장막"을 통해 속삭이고, "이제부터 주님 안에서 죽는 사람들은 복이 있다"요한계시록 14:13라고 성경은 말합니다.

오, 나의 하나님, 이 기도가 하나님 안에서 나의 마지막 숨결, 나의 숨이 넘어갈 때, 나의 죽음을 맞는 때와 같은 기도로, 지금이 변화의 순간이라면, 나는 하나님의 아들의 피 안에서, 죄의 수렁에 빠져 죄인의 죽음을 맞을 것입니다. 그러나 만일 내가 더 오래 산다면, 나는 죄를 죽이고, 의로운 자의 죽음을 맞을 것이니, 그때 죽음은 새로운 생명의 부활이 될 것입니다. 하나님은 생명을 주시고 거두시니, 태어난 무엇이나 그 생명은 하나님으로부터 온 것으로, 어디에로 가든지 내가 하나님께로 가게 하소서.

17

다른 사람을 위해 조용히 종이 울리며, 나도 죽어야 할 것이라고 말한다

Nunc lento sonitu dicunt, Morieris

묵상

그를 위해 종이 울리건만(*hee for whom this Bell tolls*) 그는 몸이 너무 아파 이 종이 자신을 위해 울리고 있다는 사실을 모르는 것 같다. 나의 건강상태를 지켜보고 있던 나의 주위의 사람들이 나를 위해 이 종소리를 울리게 했는지 모르는 일인데도, 나는 그 사실을 모르고, 그들이 생각하는 것보다 나의 건강상태가 좋다고 생각하는 것 같다.

교회는 보편적이고 광범위한데, 교회가 하는 일 모두가 그렇다. 교회가 하는 일 모두는 모두에게 적용된다. 교회가 한 아이에게 세례를 주면, 그 일은 나와도 관계된 일이다. 그 아이는 세례를 받음으로 나의 머리의 "머리"〔교회〕와 연결되고, 내가 지체가 되는 "몸"〔교회〕에 그 아이가 접목된다. 교회가 한 사람을 매장하면, 그 일은 나에게도 관계된 일이다.

모든 인류는 한 "저자"가 쓴 한 권의 "책"이라 할 수 있다. 한 인간이 죽으면, 하나의 "장"(*chapter*)이 책에서 찢겨나가는 것이 아니라, 그의 장이 더 나은 언어로 번역되는 것이다.+ 사람이 죽으면 책의 모든 "장들"은 그렇게 번역되어야 한다. 하나님이 고용한 다양한 번역가들은 어떤 내용은 "나이"로 번역하고, 어떤 내용은 "병"으로, 어떤 내용은 "전쟁"으로, 어떤 내용은 "정의"로 번역한다. 그러나 하나님의 손길은 모든 번역에 관여하신다. 하나님은 흩어진 낱장들을 모두 다시 묶으시고, 도서관에 비치한 모든 책들은 누구나 볼 수 있도록 펼쳐져 있다.

예배의 종소리가 설교자뿐 아니라 교인 모두를 부르듯, 이 종소리는 우리 모두를 부른다. 그러나 병으로 〔천국의〕 "문" 가까이 이른 나에게, 이 종소리는 더 분명하게 들린다. 성직자들 가운데 누가 아침기도의 종을 울릴 것인가에 대하여 교회의 법적 소송이 있을 정도로 다툼이 있었다(그 소송에는 경외감과 엄숙함, 종교 그리고 평판의 문제가 뒤섞여 있었다). 결국 가장 먼저 일어나는 사람이 가장 먼저 종을 치기로 결정하였다.

만일 우리가 저녁기도를 위한 종소리의 가치를 올바르게 이해한다면, 그 종소리를 아침기도에도 적용하여 아침 일찍 일어나 그 종소리를 우리의 것으로 하여, 그 종소리가 누구를 위한 것이든, 그 종소리는 죽은 자뿐 아니라, 산 자를 위한 종소리도

+ 사람이 죽으면 책의 장에 기록된 지상 언어가 하늘나라 언어로 번역된다.

될 것이다. 종소리는 그 종이 자신을 위하여 울린다고 생각하는 사람을 위하여 울린다.

종소리가 간헐적이기는 하지만, 종이 울리는 순간 종소리를 듣는 자는 하나님과 하나가 된다. 태양이 떠오를 때 그 누가 태양을 향해 그의 눈을 들어 올리지 않겠는가? 유성이 떨어질 때 그 누가 그 유성에서 눈을 떼겠는가? 때를 따라 울리는 종소리에 그 누가 귀를 기울이지 않겠는가? 이 세상에서 자신의 일부가 사라짐을 알리는 종소리에 그 누가 그의 귀를 뗄 수 있겠는가?

어떠한 인간도 그 자체로 완전한 하나의 "섬"일 수는 없다. 모든 사람은 바다에 떠있는 "대륙"의 일부이다. 하나의 흙덩이가 바닷물에 씻겨 사라지면, 유럽은 그만큼 작아진다. 육지 끄트머리가 사라지고, 당신 친구들의 소유지가 사라지고, 당신 자신의 소유지가 사라지는 것과 같다. 그렇게 한 인간의 죽음은 나를 작게 만드는 것이니, 나는 인류 안에 속해 있기 때문이다. 그러니 그 종이 누구를 위해 울리는지 알려고 하지 마라. 그 종은 당신을 위해 울리는 것이다.

우리 자신이 아직은 불행을 견딜 만하여 이웃으로부터 불행을 빼앗아 이웃의 불행을 우리 것으로 삼으라고 그렇게 이 종소리가 불행을 더 구하거나, 불행을 빌려서라도 가져오라고 울리는 것은 아니다. 우리가 이웃의 불행을 탐하였다면, 사실 그것은 용서할 수 있는 탐심이다. 고통은 보물과 같아서, 어느 인간도 고통을 충분히 겪었다 말할 사람은 없다.

고통으로 성숙되어 하나님께 합당하게 만들어질 만큼 그렇게 많은 고통을 감당할 인간은 없다. 어느 사람이 보물을 금고에 가지고 있기는 하지만 현금으로 만들 수 있는 것을 전혀 가지고 있지 않다면, 그가 여행할 때 여행비용을 대는 데 그의 보물은 아무런 쓸모가 없을 것이다. 고통의 시련은 보물이기는 하지만, 고통의 시련을 겪고도, 우리의 집, 곧 천국에 더 가까이 갈 수 없다면, 그 시련은 사용할 수 있는 현금이 아니다. 죽음에 이르기까지 인간은 병으로부터 고통을 받겠지만, 이 고통이 광산 속에 있는 금과 같이 그의 내부에만 머물러 있다면, 그 고통은 그에게 아무 쓸모가 없을 것이다.

그러나 그의 고통에 대해 나에게 말하는 이 종소리는 나를 위하여 금을 파내는 까닭에 나에게 쓸모가 있다. 내가 다른 사람의 위험을 생각하면서 그 위험을 나의 것으로 생각한다면, 그리고, 우리의 유일한 안식처인 나의 하나님께 의지함으로 나 자신을 안전하게 만든다면, 그때 이 종소리는 유용하다.

논의

나의 하나님, 나의 하나님, 종을 울리는 일이 "어둠에서 빛을 끌어내시는" 하나님의 방식 가운데 하나입니까?고린도후서 4:6 지금은 그의 시야가 흐릿하기는 하지만〔아직 성숙되지 않아 사물의 이치를 분명히 파악하지 못한 상태〕, 그를 위하여 종소리를 울리게 하여, 이 종소리로부터 가능한 많은 그의〔예수〕 목소리를 듣게 하여, 장차 그가 신교의 감독이 되고, 예언자가 되고, 성공회 감독이 되게 하시어, 이 일에서 우리에게 하나의 소명의 확신을 주게 함입니까?

이러한 방식으로 허약함에서 강인함으로 일으켜 세우시고, 침상에서 일어나지도 못하고 꼼짝없이 누워 있는 사람을 "나에게 오라" 말씀하시며, 이 말씀 가운데 건강을 주고 활기를 주리라는 확신의 확고함을 나에게 주시는 것이 하나님의 방식들 가운데 하나입니까? 오, 나의 하나님, 나의 하나님, 모든 소리에 하나님의 목소리가 섞이면 천둥소리는 잘 조율된 징소리가 되고, 목쉬고, 거친 소리는 맑은 풍금소리가 되지 않겠습니까? 하나님의 손길이 미치면 어떤 오르간이 잘 연주되지 않겠습니까? 이 종소리 안에는 하나님의 목소리와 하나님의 손길이 함께하여 하나의 종소리가 완전한 합주가 됩니다.

나는 종소리에서, 하나님의 종 야곱(Jacob)이 그의 아들들을 불러 모아놓고, "너희들 모두 모여라. 너희가 뒷날에 겪을 일을 내가 말하겠다. 그때에 너희들도 지금의 나의 모습이 되어있을 것이다"[창세기 49:1]라고 한 말을 듣습니다. 그리고 하나님의 종 모세(Moses)가 이 종소리가 미치는 곳〔하나님의 음성이 들리는 곳〕 안에 들어와 있는 모두에게, "이것은 내가 죽기 전 너희에게 내리는 축복이다"라고 한 말을 이 종소리에서 들을 때,[신명기 33:1] 이 말은 예수가 죽기 전 나에게 내리고자 했던 축복의 말이기도 합니다.

하나님의 선지자 이사야가 히스기아(Ezechias)에게, "네가 죽게 되었으니 네 집안의 모든 일을 정리하라. 네가 다시 회복되지 못할 것이다"열왕기하 20:1라고 한 말을 이 종소리에서 듣는데, 모세는 이제 우리를 히스기아의 가족이라고 생각하여 우리로 하여금 우리 집을 정리하고 죽음을 명상하라고 합니다. 하나님의 사도 베드로(Peter)가, "이 육신의 장막에 사는 동안, 나는 여러 번 기억을 일깨워서 분발하게 하는 것이 옳다고 생각하노니, 내가 육신의 장막을 벗을 때가 멀지 않음을 알고 있기 때문이다"베드로후서 1:13~14라고 한 말을 나는 이 종소리를 통하여 듣는데, 이 말은 베드로의 유언으로, 이 종소리는 우리가 베드로의 당시 기분을 늘 기억하라는 전언과 같습니다.

나는 모든 소리들을 음악으로 만들어, 모든 음악이 완전하게 만든 것을 듣습니다. 하나님의 아들이, "너희는 마음에 근심하지 말라"요한복음 14:1라고 한 말씀을 나는 듣습니다. 나는 하나님의 아들이 "나는 너를 위한 장소를 준비하러 간다"요한복음 14:3라고 한 말을 듣습니다. 이 종소리에서 나는 그 죽은 사람이, "나는 너를 위한 장소, 무덤을 네가 준비하도록 이 종소리를 보낸다"라는 또 다른 말을 듣습니다.

그러나 오, 나의 하나님, 나의 하나님, 천국은 영광과 기쁨이라 하시면서, 왜 영광되고 기쁨 넘치는 것들이 우리를 이끌어 천국으로 유인하지 않습니까? 하나님의 첫 유언의 유물인 구약에는 풍요와 승리가 있었습니다. 그곳에는 술과 기름, 우유와 꿀, 친구들의 유대, 적의 파멸, 평화의 마음, 유쾌한 용모가 있었고, 하나님은 이들을 전시하기 위해 하나님의 침실로 이들을 가져가 천국이 기쁨과 영광이 되게 하셨습니다.

왜, 하나님은 예전의 방식을 바꾸시어, 우리를 이끌 때, 훈련과 고통, 애도와 한탄, 불행한 결과와 불행의 비참한 예상들을 취하는 방식을 사용하십니까? 왜, 다른 사람의 불행한 예들을 우리에게 적용하시고, 그들의 불행을 빼앗아 우리 자신의 불행으로 삼아서 우리 자신에게 불리하게 하십니까? 하늘을 돋보이게 하기 위하여 굳이 이 세상의 우울과 치욕의 어리석음이 필요하지 않다면, 하늘의 영광이 더 완전하여 돋보이지 않겠습니까? 하늘의 맛을 보여주기 위하여 굳이 이 세상의 신맛이 필요하지 않다면, 하늘의 기쁨이 더 완전하지 않겠습니까?

하늘의 기쁨과 하늘의 영광은 단지 상대적인 영광이고 상대적인 기쁨입니까? 영광과 기쁨 그 자체가 아니라, 하늘의 영광과 기쁨이 이 세상의 기쁨 없음과 영광 없음에 비교대상일 뿐입니까? 나의 하나님, 그것은 그렇지 않음을 나는 압니다. 스스로 모두이신 하나님은 어떤 무엇으로부터도 창조되신 것이 아니듯, 하나님과 함께하는 기쁨과 영광은 세상이란 상황에서 만들어지는 그런 것이 아닙니다. 그들은 진정한 기쁨이고 진정한 영광입니다. 그렇다면 나의 하나님, 하나님은 왜 그들을 이 세상에서 시작하시지 않습니까?

오, 나의 하나님, 이 감사할 줄 모르는 배은망덕을 용서하십시오. 왜 그렇게 하시지 않느냐고 묻고 있는 나 자신, 지금 하나님이 그렇게 하고 계심을 나는 압니다. 자신의 슬픔에서 기쁨을 찾지 못하고, 이 세상에서 낙담하는 가운데 영광을 발견하지 못하는 사람들은 다음 세상에서도 내가 나 자신과 모두에게 결론의 말로 맺을 그런 기쁨과 그런 영광을 모두 놓쳐버릴 위태로운 위험에 속하게 됩니다.

기도

오, 영원하시고 자비로우신 하느님, 하나님은 우리에게 말씀하시기를 즐겨하십니다. 우리의 가슴에 대고 말씀하시는 자연의 목소리와, 우리의 귀에 대고 말씀하시는 하나님의 말씀, 그리고 말 못하는 짐승, "발람의 나귀"민수기 22:28의 언어와, 불신자들의 언어와, "빌라도"의 고백마태복음 27:24과, 사탄의 말과, 하나님의 아들 예수가 "자신이 누구인가를 인정하는 말"과 "증언하는 말", 마태복음 4:6; 누가복음 1:3 그리고 슬프게 울리는 장례의 종소리, 그들 모두에서 나는 하나님의 목소리를 알아볼 수 있습니다. 먼저 나는 하나님의 영광된 이름을 축복합니다. 이 종소리를 들었을 때 나는 다른 사람의 상태를 통해 나 자신의 상태를 점검하라는 하나님의 교훈을 듣습니다. 다른 사람을 위해 지금 울리는 이 종은 이전에도 나를 고려하여 울렸었음을 나는 압니다.

사망은 "죄의 대가"이니, 로마서 6:23 나 또한 그럴 것입니다. 사망이 병의 종말이라면, 나 또한 그럴 것입니다. 나는 불충한 종이면서도 죽기를 두려워하지만, 충성을 다하시는 주인에게로 나가기를 두려워하지는 않습니다. 그러니, 오, 나의 하나님, 나는 나의 영혼을 "하나님 손안"에 맡깁니다.누가복음 23:46 나는 살아서나 죽어서나 나 자신을 하나님께 맡긴 자로 하나님이 나를 받아주실 것을 압니다. 하나님의 종 다윗도 그랬습니다. 그는 자신의 생명을 하나님의 보호 가운데 맡기었습니다. 그리고 하나님의 축복된 아들도 그랬습니다. 그는 죽음에 이르러, 그의 영혼을 하나님께 바쳤습니다.

오, 주여, 살아서나 죽어서나 영원히, 나를 하나님의 뜻대로 하소서. 나 자신을 하나님의 손 가운데 드리오니 받아주옵소서. 오, 주여, 나는 나의 영혼을 드립니다. 오, 나의 하나님, 나는 하나님의 교정에 준비되어 있고, 하나님의 징벌에 성숙하였고, 성령이신 하나님의 뜻을 따랐고, 나의 영혼은 하나님의 용서하심을 받았으니, 나의 육체는 일시적 구원을 요청하지 않사오니, 오, 주여, 나는 담대하게 하나님께 나의 기도를 드리오니, 나로 하여금 이러한 예배를 드리게 종이 울리게 한, 그를 도와주소서.

오, 하나님, 그 영혼이 죄를 계산할 시간이 아무리 적더라도 철저히 셈할 때까지 그의 영혼을 붙잡으소서! 그 영혼이 육체에 머물러 있는 기간이 아무리 짧더라도 성령의 능력으로 짧은 시간을 보충하시어 그가 죽기 전에 그의 죄의 계산을 마치게 도와주소서. 하나님이 무엇을 용서하였는지 그가 알 수 있도록 그에게 그의 죄들을 알려 주시어 하나님의 용서하심을 의심하지 않게 하소서. 그가 끝없이 이어지는 죄들을 멈추게 하시어서, 무한한 하나님의 자비 가운데 살게 하소서.

그가 자신의 값없음을 알게 하시고, 하나님의 아들 예수 그리스도의 은덕으로 자신의 몸을 감싸게 하소서. 그가 마음 속 깊이 안도의 숨을 쉬게 하시고, 그의 주위에 있는 모든 사람들이 그와 똑같이 위로를 받을 수 있도록 그가 믿음의 고백을 할 수 있는 힘을 그에게 주소서. 죽어가면서 그의 육체는 육체의 길을 가지만, 그의 영혼은 성인들이 있는 곳으로 가고 있다는 깨달음을 잊지 않게 하소서.

하나님의 아들이 십자가 위에서 나의 하나님, 나의 하나님, 왜 나를 버리십니까? 라고 외칠 때, 그는 개인의 입장에서 말하기보다는 교회를 대신하여, 그리고 극심한 고통 가운데서 하나님이 버리시지나 않을까 두려워하며, 고통받는 믿는 자들, 즉, 교회를 대신하여 외치신 것이었습니다. 오, 가장 축복되신 하나님, 이 환자도 그들 가운데 하나입니다.

그를 위해, 그리고 그의 이름으로, 하나님의 아들이 하나님께 울부짖는 다음의 음성을 들어주시옵소서, 나의 하나님, 나의 하나님, 왜 나를 버리십니까? 그를 버리시지 마시옵소서. 하나님의 "왼손으로" 그의 몸을 무덤 안에 누이시고(만일 그것이 그에 대한 하나님의 결정이셨다면), 하나님의 "오른손으로" 그의 영혼을 하나님의 하늘나라로 들어 올리시어 성인들과 교통함으로 그와 우리가 하나 되게 하소서. "아멘."

18

종이 울리며 나도 그와 함께 죽었음을 말한다

At inde, Mortuus es, Sonitu celeri, pulsuque agitato

묵상

종이 울리고, 종소리의 강도가 변한다. 장례 종소리는 희미하고 고르지 않다. 그러나 지금 종소리는 이전보다 더 힘차서, 그가 누구보다 장수하고, 누구보다 더 훌륭한 삶을 살 것이라고 말한다.+ 그의 영혼은 떠나갔다. 이 세상의 짧은 수명이 끝나고 앞으로 천 년의 수명을 누리게 될 사람처럼, 아니면 수명을 다 소진한 후 다시 천 년의 생명을 유산으로 받은 사람처럼, 그는 지금 더 멋진 지역으로 들어갔다. 그의 영혼은 갔다. 어디로? 영혼이 들어오고 떠나가는 것을 본 사람이 있는가? 아무도 없다. 죽은 자는 죽기 전에 영혼을 가졌었지만, 지금은 갖고 있지 않음을 누구나 다 안다.

+ 처음 장례 종소리는 그가 죽어서 울린 것이고, 지금 종소리는 천국에서의 그의 상황을 알리는 것이다.

철학자들에게 영혼이 무엇이냐고 물으면, 철학자들 가운데 몇 사람은 말하기를, 영혼이란 육체 안에 있는 요소들의 기질과 조화, 그리고 바르고 균등한 구성일 뿐으로, 이곳에서 우리가 영혼으로부터 나온다고 부르는 능력들이 생산된다고 할 것이다. 그리고 영혼이란 그 자체로 독립된 것이 아니어서, 육체보다 오래 살아남아 분리될 수 있는 실체가 아니며, 다른 피조물들에게도 존재하는 하잘 것 없는 것으로, 그들은 인간을 저급한 것으로 생각하는 불경스런 비하의 견해를 갖고 있다.

그러나 나는 나의 영혼이 짐승의 영혼과 다를 바 없다고 생각할 수가 없다. 자신을 반성하고 자신을 생각할 수 있는 나의 영혼은 짐승의 영혼 그 이상이다. 내가 철학자들이 아니라, 철학을 공부한 신학자들에게 분리된 실체로 영혼이 어떻게 인간에게 들어올 수 있었는가를 묻는다면, 그들 가운데 몇 사람은 영혼이란 부모들로부터 생성되어 만들어진 것이라고 말할 것이다. 그들이 그렇게 말하는 이유는, 영혼이 바깥으로부터 육체 속으로 유입된 것이라면, 의도하든 안하든, 영혼은 반드시 더럽혀져 원죄를 짓게 된다는, 영혼에 원죄를 부과하는 이론이 난관에 봉착하기 때문이다.

하나님이 직접 영혼을 투입한 것이라고 말하는 사람들도 있는데, 영혼이 죽을 수밖에 없는 부모로부터 육체와 함께 태어난다면, 그 영혼은 불멸성을 갖기 어렵기 때문이다. 내가 몇 사람이 아니라 모든 사람들과 모든 교회들에게 육체를 떠난 정의로운 자들의 영혼들은 어떻게 되느냐고 물으면, "그들 영혼들은 고통의 장소로 가서 속죄하여 순화된다"고 말하는 사람들이 있고, "영혼들이 휴식의 장소에서 마침내 하나님을 바라볼 수 있게 되겠지만, 하나님을 만나기까지는 좀더 기다려야 한다"라고 말하는 사람들이 있고, "영혼들은 하나님을 직접 만나는 자리로 간다"고 말하는 사람들도 있다.

성 오거스틴(Augustine)은 영혼의 구원의 문제를 제외하고, 영혼의 본질에 대해 어느 문제보다 많이 연구하였다. 그는 영혼에 관한 문제들을 의논하기 위해 성 히에로무스(Hierome)에게 사람을 보내기까지 하였다. 그러나 그는 다음의 말로 만족하기로 했다. "나의 영혼의 구원은 나의 믿음으로 분명하니, 나의 영혼이 나의 육체에 들어온 사실이 나의 이성에 얼마나 모순되는가는 걱정되지 않는다."

영혼이 육체에 들어왔다는 사실 이상으로, 영혼이 육체를 빠져나간다는 사실도 우리의 관심거리다. 내가 듣는 이 종소리는 죽은 자의 영혼이 빠져나갔음을 알린다. 어디로? 누가 나에게 그것을 말해줄 수 있겠는가? 나는 그 영혼의 소유자가 누구인지 모른다. 그가 어떤 사람이었는지는 더더욱 모른다. 그 사람의 지위와 그의 인생살이가 그가 간 곳을 말해줄 수 있는 것인지 나는 모른다. 나는 그가 아플 때나 그가 죽을 때 그 자리에 없었다. 나는 그의 삶의 방식과 그의 목표를 알지 못하고, 그가 간 곳에 대해 결론을 내리거나 논의를 했던 사람들을 찾아 그들에게 물을 수도 없다.

그러나 나는 이들보다 더 가까이에 나의 "자비심"을 갖고 있다. 내가 그 자비심에게 그가 간 곳을 묻자, "그는 영원한 휴식과 기쁨, 그리고 영광의 자리로 갔다"고 답한다. 그에 대해 내가 좋은 견해를 갖게 된 것은 자비의 덕택이다. 죽은 자를 위한 종이 울릴 때 나는 그 죽은 자로부터 은혜와 교훈을 받았으니 그 "자비에 감사"할 뿐이다. 그리고 자비의 도움으로 나는 기도하기에 더 적합한 사람이 되어서 자비의 마음으로 그를 위해 기도하였다. 내가 기도할 때 나는 믿음이 없지 않았다. 그의 영혼이 영원한 휴식과 기쁨과 영광의 자리로 갔음을 "자비의 마음"으로 믿고, 신앙으로 믿는다.

그러나 육체는 어떠한가? 육체는 얼마나 보잘것없는가? 육체는 말할 수도 없이 빠르게 나빠져 간다. 영혼이 이 세상에서 천국까지 단지 한 발자국 정도 가기 위하여 영혼의 집인 육체를 3분도 채 비우지 않았는데, 육체는 천국으로 영혼이 떠난 것이 불만족스러워 아무도 살지 않게 되자, 주거지의 기능은 물론 육체의 모습조차 서둘러 버리고 화석으로 변하기 시작한다. 아침에 맑고 기분 좋게 흐르던 강이 오후에 육지에서 유입된 흙으로 진흙탕이 되었다가 밤에는 짠 바닷물로 흘러드는 것을 보고, 그 누가 마음 아파하지 않겠는가?

육체의 용해가 가속화되어 가는 과정을 그린 그림은 얼마나 어설프고, 그 표현은 얼마나 허약한가? 육체의 모든 부분들이 아름다운 영혼으로 맞추어져 연결되어 있었다가 〔영혼이 빠져나가자 육체는〕 이제 흙으로 빚은 조각상으로 되었다. 그리고 그 조각상의 흙은 눈이라도 되듯이 사지들이 녹아내렸다. 온전한 집이었던 육체는 단지 모래덩이고, 흙덩이고, 잡동사니이고, 뼈더미들일 뿐이다.

이 종소리의 주인공이 살아있을 때 훌륭한 기능공이었다면, 이제 시계나 옷을 고쳐달라고 누가 그에게 올 수 있겠는가? 만일 그가 변호사였다면, 의논하기 위해 누가 그를 찾을 수 있겠는가? 그가 행정관이었다면, 누가 정의를 호소하기 위해 그를 찾을 수 있겠는가?

"불멸의 영혼"을 갖기 전에 그는 "감각의 영혼"을 가졌고, 그 이전에는 "식물의 영혼"을 가지고 있었다. "불멸의 영혼"은 나머지 두 영혼이 자신보다 먼저 존재하는 것에 반대하지 않는다. 그러나 자신이 떠날 때, 그 불멸의 영혼은 다른 두 영혼들도 함께 데리고 떠난다.+ 인간이 죽으면, 더 이상의 식물 영혼도, 더 이상의 "감각 영혼"도 없다.

자연의 어머니, 대지는 "계모"이다.++ 자연의 "자궁"에서 우리

\+ 중세 스콜라 철학에 따르면, 인간은 식물, 동물, 그리고 이성의 영혼, 세 영혼을 가지고 있다. 그리고 이성의 영혼이 나머지 두 영혼을 살아있게 하는데, 사람이 죽으면, 이성의 영혼이 그 나머지 두 영혼을 죽인다. 인간이 태어날 때, 식물과 동물의 영혼이 이성의 영혼보다 먼저 태어난다.

는 자란다. 자연이 우리를 탄생시킬 때 우리는 세상의 어느 곳인가에서 어떤 직업을 가지고 정착한다. 그러나 우리가 땅의 자궁 속으로 사라졌다가 그 땅이 우리를 내뱉을 때, 우리의 무덤은 다른 사람들을 위해 열린다. 우리는 땅으로 이주한 것이 아니라 이사한 것뿐으로, 우리의 속성인 흙〔육체〕은 신성하지 못한 흙과 함께 바람에 실려 날아간다.

논의

나의 하나님, 나의 하나님, 나의 논의가 너무 지나치다 싶으면, 하나님이 다른 말로 그 논의를 완화하십시오. 그 논의가 나에게는 경이로움이 되게 하시고, 다른 사람들에게는 단지 난제이게 하소서. 묻고 싶은 것이 있습니다. 예배로 하나님께 봉사하는 사람들은, 왜, 죽은 자와 관련된 일, 즉 장례를 돕는 일을 하지 말아야 합니까?레위기 21:1~4

하나님은 조언자가 없으시니 조언이 필요하지 않으시고, 하나님은 규제자를 갖고 계시지 않으시니 하나님을 규제하는 일을 허용하지 않으십니다. 왜, 내가 묻느냐고요? 제례에 관련된 일은 편리한 대로 누구나 이성을 따르면 됩니다. 하나님이 만드신 규례〔제사장은 죽은 자를 만지지 못하게 한 일〕의 논리를 그 누가 분명하게 설명할 수 있겠습니까?

++ 인간의 영혼은 천국에서 온 것으로, 대지는 단지 인간을 양육하기만 한다.

나 스스로 만족할 수 있는 논리는 다음과 같습니다. 요즈음은 죽은 자를 기억하는 일에 지나치게 존경을 표하는 이방인들로 흘러넘칩니다. 국가가 우상으로 내세우는 것들 대부분이 의식을 통하여 드러나는데, 지나치게 열정적인 헌신, 지나친 열의를 보이는 축하행사, 기억들을 지나치게 보존하려고 연구하는 일, 그리고 죽은 자들의 초상화들이 그것들입니다.

"헛된 영예를 입은 죽은 자들이 세상에 들어올 때", 외경 솔로몬의 지혜 14:14 그들이 취한 형식들인 조각상들과 초상화들은 세월이 지나면 신성을 지니는 이야기로 만들어집니다. 처음에는 단지 친구의 초상화였던 것이 시간이 지나면 신이 된다고 현인 솔로몬(Solomon)은 말합니다, "그들은 옛 사람들의 작품들을 보고, 그들을 신들이라고 불렀다."외경 솔로몬의 지혜 13:10 하나의 초상화가 소수의 무리들 가운데 나타나 세월이 지나 신이 되기까지 걸리는 시간은 작품제작 이후 60년이라고 시간을 정하는 사람까지 등장하였습니다.

이 세상을 살았던 사람들의 초상화들, 그리고 결코 존재한 적이 없는 사물들의 우상들은 하나같이 구별도 없이 모두 "죽은 자들"이라 할 수 있습니다. 그래서 현인 솔로몬은 우상주의자를 꾸짖어, "그는 허약한 것에 건강을 주라 하고, 죽은 것에 생명을 주라고 기도한다"외경잠언 13:18고 말합니다. 하나님의 선지자 이사야는 "산 자의 문제에 대한 해답을 얻으려고, 죽은 자에게 물어서야 되겠느냐?"이사야 8:19 "우리가 그래야 하느냐?"고 말합니다.

종교를 보완하기 위해 죽은 자에게 의존하는 경우 매우 심각한 병이 발생합니다.

오, 하나님, 내 생각에 하나님은 하나님의 귀한 사제들이 이러한 위험한 우상숭배에 접근하는 일을 금하도록 하셨습니다. 하나님이 사제들로 하여금 죽은 자를 보지 못하게 하고, 만지는 것조차 허용하지 않으셨으니, 이제 사람들은, 죽은 자들이 높이 평가받을 대상이 아니라며 지금까지 그들이 잘못 알고 있었다고 말할 것입니다. 그러나 이러한 위험들이 일어날 리 없다면, 오, 나의 하나님, 우리가 죽은 자들에게 경의를 표하여 교훈을 끌어낼 수 있게 하여 주옵소서. 나의 하나님, 내가 그의 죽음을 명상함으로 나 자신 더 나은 삶을 살 수 있다면, 나의 명상은 나의 죽은 형제를 다시 살리는 일종의 성스런 일이 아닙니까?

"르우벤 지파(Reuben)가 살아 죽지 않게 하시고, 그 지파 사람들의 수가 적지 않게 하신 것"[신명기 33:6]은 하나님이 그들에게 축복을 내리신 일입니다. 그 지파의 사람들의 수가 늘어나게 하셨습니다. 그리고 "죽은 사람은 죽도록 놔두어라" 하신 말씀[스가랴 11:9]은 저주의 말씀이십니다. 죽음이 어떠한 선함으로 이어지지 않게 하신 것입니다. 하나님은 사도 유다(Judah)에게 이르기를, "열매가 없는 나무는 두 번 죽는 것이다"[유다서 1:12]라 하셨으니,+ 내가 죽은 뒤에 내가 죽는 방식을 보고 그 누구도 더 훌륭한 인

+ 《신약》에서 1장만 있는 성경은 〈요한 2서〉, 〈요한 3서〉, 〈유다서〉이다.

생을 살지 못한다면, 나는 두 번 죽는 것이 됩니다.

하나님이 "어느 집도 죽지 않은 사람이 없게 하시자",출애굽기 12:30 이집트인들은 하나님을 두려워하며 자신들도 죽을까 두려워하여 말하기를, 이제 "우리는 모두 죽은 자들이 되었다"라 하였습니다. 그렇게 다른 사람들의 죽음은 우리들로 하여금 우리의 죽음을 이야기하게 합니다. 하나님의 아들 예수 그리스도는, "죽은 자 가운데서 살아난 첫 열매입니다".요한계시록 1:5 예수는 맏형으로 죽은 자들 가운데 제일 먼저 살아나셨으니 죽음 분야에서는 나의 선생님입니다. 그러나 나는 어린 동생으로 지금 죽은 이 사람보다 어리고, 나보다 먼저, 죽은 사람들을 보고 들은 모든 사람들보다 어립니다. 그리고 그들 모두는 나를 "죽음의 학교"로 안내하는 안내자들입니다.

그러므로 하나님의 종 다윗(David)의 아내가 다윗에게, "당신은 오늘 밤에 피하지 않으며, 내일 틀림없이 죽습니다"사무엘하 19:11 라고 말한 것은 또한 나에게도 말한 것입니다. 이 사람의 죽음이 지금 나에게 영향을 주지 않는다면, 나는 하나님이 나에게 이와 같은 도움을 주지 않았을 경우보다 더 악화된 상태로 죽을 것입니다. 하나님은 이 종소리를 통해 그를 나에게 보내셨으니, 하나님은 사데(Sardis) 교회의 천사에게도 남아서, 죽을 각오가 된 사람들을 강건하게 하라요한계시록 3:2는 사명을 주셨습니다. 이와 같이 허약한 육체를 가진 나도, 사데 교회가 그러하였듯이, 영적인 강건함을 받을 수 있을 것입니다.

이것은 나의 강건함이니, 하나님의 천사가 기드온(Gideon)에게, "너는 안심하라, 두려워 말라. 죽지 아니하리라"사사기 6:23라고 말하였듯이, 또는 하나님이 아론(Aron)에게, "너는 거기서 죽어 그 열조에게로 돌아가리라"민수기 20:26라고 말씀하셨듯이, 하나님은 죄로 인해 죽게 되는 최악의 죽음으로부터, 죽을 각오가 되어있는 나의 영혼을 지켜주실 것입니다.

하나님의 성령〔성경〕은, "시므리(Zimrie)가 그의 죄로 죽었으니, 이는 주께서 보시기에 그가 악행을 행하고, 이스라엘에게 죄를 짓게 한 그 죄 때문에 생긴 일이다"열왕기상 16:18~19라고 말합니다. 시므리는 많은 죄를 지었고 그 죄는 아주 특별한 죄였습니다. "사망은 죄의 몫입니다." 나도 죽을 때 나의 죄 때문에 죽을 것입니다. 내가 하나님의 도움을 거부한다면, 나는 하나님의 성령을 거스른 특별한 죄 때문에 죽을 것입니다.

하나님의 축복된 아들이 말씀하신 진리의 빛을 유태인들이 받기를 거부하자, "너희가 너희의 죄 때문에 죽을 것이다"요한복음 8:21라고 말씀하시고, 유태인들이 계속하여 분쟁하고, 소란을 피우고, 헛된 이론까지 내세우자, 이번에는 "너희는 너희의 죄들 때문에 죽을 것이다"라면서 형벌의 방식을 바꾸어 말씀하시며, 그 형벌이 더 무거워졌음을 우리는 특별히 주의하여야 합니다. 예수는 앞에서 단수로 "죄"라고 말씀하셨다가 뒤에는 "죄들"이라 복수로 바꾸어, 이 "죄"를 "너희의 모든 죄"들이라고 바꾸어 말씀하였습니다.

하나님의 특별한 도움들을 최종적으로 거부하게 되면, 우리는 이전에 우리가 지은 모든 죄들을 다 짊어져야 한다는 말이 아닙니까? 이 사람의 죽음을 통해 나에게 말씀하신, 이 종소리를 내가 무시한다면, 나는 생명이 되시는 주님이 나를 위해 죽기까지 사랑하셨건만 죽어서는, 나 자신이 만든 피조물〔죄〕로 불멸이 되는 것이 아닙니까?+ 죽어서는 "나의 양심을 파먹는 벌레"가 되어 결코 죽지 않는, 이사야 66:24 그런 불행을 나 자신 자초하는 일이 아닙니까?

기도

오, 영원하시고, 가장 자비하신 하나님. 이 종소리에 다시 한 번 감사와 기도를 올립니다. 이 종소리의 또 다른 목소리로 하나님은 내가 반드시 죽을 것이고, 지금 죽음을 향해 나가고 있다고 말합니다. 이 종소리를 통하여 나는 내가 육체의 건강으로부터 회복이 불가능하여 치료할 수 없어 죽을 것이라는 하나님의 말씀을 듣는 것 같습니다. 나에게 그렇게 분명히 말씀하시는 것이 하나님의 목소리라면, 나는 천상의 전능자가 계신 곳으로부터 얼마나 멀리 떨어져 있는 것입니까? 왜냐하면 나는 "내가 이제 죽어야 한다"는 그 말씀조차 죄를 언도하는 방식으로 말하는 재판관의 목소리가 아니라, 건강에 관심을 기울이는 의

+ 죄로 지옥에 떨어진다.

사의 목소리로 들리기 때문입니다.

하나님은 죽음이란 병의 치료이지, 병의 승리가 아니라고 나에게 말합니다. 내가 하나님의 이 말씀을 오해한 것으로, 내가 하나님의 말씀을 지나쳐 하나님의 말씀을 제대로 파악하지 못한 것이고, 하나님이 그에게〔이웃의 죽은 자〕 하신 것보다 나의 죽음이 더 긴박한 것이라고 내가 상상할지라도, 다음의 말씀은 나에게 해당되는 것이니, "나는 죽은 몸이니 태어날 때 이미 죽은 목숨이었고", 내가 잉태되어 육체의 흙벽을 쌓아올릴 때부터 벽은 무너져 내리기 시작했고, 나의 인생의 전 과정은 단지 죽음이 활동하는 기간입니다.

이 말씀을 통하여 내가 "지금 죽어있는 자"라고 나를 가르치시던, 또는 나는 늘 "죽어있었던 자"라고 나를 상기시키시던, 나는 나의 영혼에 이 말씀을 들려주신 것에 깊이 감사드리며, 이 종소리를 통해 이 목소리가 나에게 이르도록 한 그를 위한 나의 기도를 하나님이 받아주시기를 간절히 기원합니다.

지금은 죽어서 그가 하나님 곁으로 옮겨가 그곳에서 말할 수 없는 행복을 누리고 있겠지만, 하나님은 지상에 있는 우리에게도 천상의 몫을 주시니, 하나님의 성인들이 하늘에서 지상의 우리가 특별히 무엇을 필요로 하는가를 알고 있을까 하고 우리는 토론하지만, 지상에 사는 우리는 하늘에서 성인들이 그들의 행복을 완성하기 위하여 무엇이 부족한지를 분명히 알고 있습니다. 하나님은 그래서 우리가 성인들을 위해 기도할 수 있는 권

위까지 주셨습니다.

〔예수의 재림의 날이 다가와〕 지금 하나님의 왕국으로 새롭게 출발한 이 영혼이 이전에 떠났던 그 몸으로 급히 즐겁게 재결합하고, 육체와 영혼이 모두 완전히 결합되는 즐거움을 곧 누릴 수 있도록, 오, 우리의 가장 자애로운 하느님, 하나님의 아들 예수 그리스도를 위하여, 하나님의 손을 잡고 간절히 기도합니다. 그때 하나님의 축복된 아들은 그의 마지막 업무인 재판관의 업무를 시작함으로, 요한복음 5:22 그의 위엄을 완성할 것이고, 현재 하늘에서 영혼의 무리를 이끌듯이, 하늘에서 인간 육체의 무리를 이끌게 될 것입니다. 로마서 8:11

하나님은 죄 그 자체를 증오하십니다. 죄에 대한 하나님의 증오는 죄를 짓게 하는 모든 통로가 되는 이 세상의 유혹들, 즉 이 세상 자체를 포기하라고 하십니다. 그리고 죄 되는 모든 일시적 복수들, 병과 죽음의 고통들, 그리고 죄의 온상인 모든 성들, 감옥들과 기념비들, 그들 모두 무덤 속에 버려진다고 말씀하셨습니다. 시간은 영원 속에 삼켜질 것이고, 소망은 소유함으로 삼켜지고, 종말은 무한함 속으로 삼켜지고, 모든 사람들은 구원에 이르러서 몸과 마음이 하나님과 온전히 하나 되는 영원한 제물이 될 것입니다. 그리고 하나님은 그들로부터 기쁨을 받으시고, 그들은 하나님으로부터 영원히 영광을 받을 것입니다. "아멘."

19
폭풍우 속 긴 여행 뒤, 마침내 의사들은 육지를 본다 안전하게 처치할 수 있을 정도로 병이 호전되었음을 의사들은 알았다

Oceano tandem emenso, aspicienda resurgit Terra; vident, iustis, medici, iam cocta mederi se posse, indiciis

묵상

줄곧 의사들은 병의 "바다"에서 "육지", 다시 말해, 병이 발전되어가고 있는 징후를 살피려고 열심히 나를 지켜보고 있다. 나의 병이 자연스럽게 발전하고 있지 않거나, 또는 의사들이 병의 진행을 간혹 묵과하는 실수로, 병이 악화되거나 병세가 나빠지는 수가 있다. 그렇다고 의사들이 근면하게 지켜본다고 해서 병이 질서를 지켜가며 진행하거나, 성숙되는 시기가 단축되지는 않는다. 의사들은 병이 활동을 시작하여 성숙되는 때를 지켜보고 있다가, 병의 열매가 떨어지기 바로 전에 그들의 손을 뻗치어 그 열매를 거둔다. 의사들이 병을 서둘러 성숙시켜 병을 끝낼 수는 없다.

우리는 왜, 육체의 혼란, 불화, 불규칙, 그리고 반항이라고 할 수 있는 병의 진행과정을 그저 지켜보고 있어야만 하는가? 우리가 통제할 수 있는 시간에 맞추어 병을 통제할 수 있고 조종할 수 있다면, 그것이 어디 병이라 할 수 있겠는가? 자연은 매우 규칙적이고 매우 생산적으로 자신의 일을 완성해 나감으로, 누구나 볼 수 있게 그 결과물을 드러내 보여준다. 우리가 자연에서 무질서를 찾을 수 없다면, 병이 올바른 방향으로 발전하는지를 왜 의심하겠는가?

우리는 7월에 피는 꽃을 1월에 꽃 피울 수 없고, 봄에 피는 꽃을 가을에 가서야 피게 할 수도 없다. 우리는 열매를 5월에 맺게 할 수 없고, 12월까지 잎들이 붙어 있게 할 수도 없다. 산모가 허약하다고 하여 분만의 시기를 아홉 달에서 열 달로 미루는 방식으로 산모가 더 튼튼해지기를 기다릴 수 없다. 산모가 여왕이라 할지라도 그녀의 즐거움을 앞당기기 위하여 그녀의 분만시기를 일곱 달로 서둘러 당길 수는 없다.

우리가 자연에서 변함없이 분명한 결과들을 기대하는 경우, 자연은 자신에 대한 어떤 방해, 어떤 기대, 어떤 의무도 허용하지 않는다. 결과는 어차피 이미 결정되어 있는 것이어서, 자연은 그 자체의 행동에 있어서 자유롭다. 자연은 자신의 진행과정을 강요받지 않고, 부추김을 받지도 않는다. 권력과 권력을 가진 자도 그럴 것이다. 그리고 지위가 높은 자 역시 그런 종류의 강요나 부추김의 폭력을 좋아하지 않는다.

자비와 정의와 용서에는 모두 때가 있다. 그때를 알지 못하는 사람은 자비의 선물이 도착하기 전에 굶어죽을 것이고, 정의가 이르기 전에 파멸할 것이고, 용서가 그를 구제하기 전에 자연사할 것이다. 나무들 가운데 많은 비료를 받지 못하면 열매를 맺지 못하는 나무들이 있듯이, 자신의 정신이 충분히 비옥해지기 전에는 정의를 행사하지 못하는 사람들이 있다. 나무들 가운데, 많은 보살핌, 많은 물주기, 많은 노동을 요구하는 나무들이 있듯이, 어떤 사람들은 재촉하지 않으면 열매를 맺으려 하지 않는다. 어떤 나무들은 열매를 맺기 전에 칼자국과 가지치기와 베어내기를 요구하듯, 어떤 사람들은 정의의 열매들을 맺기 전에 부패의 위협과 세례를 받아야 한다. 어떤 나무들이 이른 아침의 햇볕을 자주 쬐기를 요구하듯, 어떤 사람들은 법정과 관련한 요구와 서류가 없으면 입을 열지 않는다. 어떤 나무들이 집안에서 키워져야 하듯이, 어떤 사람들은 아내, 아들, 친구, 하인이 애걸하여 마음을 바꾸게 할 때까지 그들의 관대함과 정의와 동정심의 마음을 열지 않는다.

어떤 사람에게는 보상이 때가 이르러 저절로 오겠지만, 또 다른 사람에게는 졸라야 이른다. 그때가 어느 누구에게는 두려움이겠지만, 다른 누구에게는 그때가 좋은 기회이다. 우정은 누구에게는 때가 되어야 생기지만, 누구에게는 타고나기도 한다. 그들 모두가 언제 올지를 모르거나, 그들을 잡아둘 수 없는 사람은 그 열매를 당연히 잃을 것이다. 우리가 자연을 어찌할 수 없듯이, 권력과 지위를 사용하여 병이 무르익을 때를 바꿀 수는 없다. 우리는 병이 무르익기 전에 그 병으로부터 벗어날 방도를 찾거나, 그 병을 떨쳐버릴 수는 없는가?

우리는 병의 때가 이르기까지 단지 방어의 전투를 벌여야 한다. 그리고 그 전투는 승패가 모호하다. 포위당한 자들이 방어해야 할 곳은 잘 알겠지만, 적군의 전투력이 가장 취약한 곳이 어디인지는 알지 못한다. 적들이 안에서 사태를 개선시키지 못하면, 적들은 바깥에서 그 숫자를 늘릴 것이다. 오, 나보다 더 불행하고, 나보다 덜 불행해야 할 사람들이 병의 포로가 되어 자신들을 지켜줄 보초들이라 할 의사들이 없고, 방어에 쓸 "화약"과 같은 약품도 없어서, 적들〔병〕이 허약함을 보이며, 퇴각할 마음을 보이는데도, 어떠한 방식으로든 공격하지 못하여, 얼마나 많은 사람들이 병 앞에서 무너져 내리는가? 이제 우리〔의사와 나〕가 싸워도 괜찮을 정도로 나를 둘러싸고 있던 〔병의〕 포위공격이 매우 느슨해졌으니, 이제 내가 죽는다면, "감옥"이 아니라〔병에 갇혀서가 아니다〕, "전투장"에서일 것이다〔병을 치료하는 곳이다〕.

논의

나의 하나님, 나의 하나님, 하나님은 행동하시는 하나님이십니다. 하나님은 단순한 의미로 말씀하시는, "문자적인 의미"로만 이해되시는 말뿐인 하나님이 아니십니다. 하나님은 비유와 은유의 하나님입니다. (주여, 나는 주님을 영광되게 하려고 한 말이니, 세속의 가짜 해석자가 하나님을 축소 해석하여 하나님 말씀을 오용하지 않게 하소서.)

하나님의 말씀들 가운데는 최고의 수사들로, 요원하고 귀한 은유들을 가져오기 위한 지적 "항해"와 "편력", 의미의 확장들과 확산들, 알레고리의 암유들, "믿음을 주는 믿을 수 없는 제3의 하늘이라는 천국의 환상", 고린도후서 12:2 대단히 감미로운 웅변들, 대단히 낯설고 예외적인 표현들, 대단히 훌륭한 설득들, 대단히 설득력이 있는 지시사항들이 있고,+ 모든 세속의 저자들은 기어 다니는 뱀의 씨앗과 같은 반면에, 하나님은 날아다니는 비둘기로, 하나님의 부드러운 말씨에는 뼈대(*sinews*)가 있고, 하나님의 말씀에는 실체들이 들어있습니다.

오, 하나님의 말씀이 아닌 어떤 말들이, 하나님의 말씀의 그 표현 불가능한 내용과, 형식을 표현할 수 있겠습니까? 하나님의 말씀은 "성스러울 정도로 단순하다"는 믿음을 가진 사람이 있는가 하면, 그 말씀에는 "위엄이 있다"라는 믿음을 가진 사람도 있습니다. 똑같이 신앙심이 두터운 두 사람이 서로 만나서, 한 사람은 사람들이 모두 하나님 말씀을 이해하지 못한다는 사실에 의아해하고, 또 다른 한 사람은 누구나 하나님 말씀을 이해한다는 사실에 의아해합니다.

주님, 하나님은 우리에게 땅을 주시어, 일터로 사용하게 하시고, 휴식의 장소로도 쓰게 하셨습니다. 그렇게 지구는 집과

+ 이들 목록들은 르네상스 시대의 시의 수사들이다.

무덤이 됩니다. 주님, 하나님은 말씀을 통하여, 우리를 만족하게 하시고, 우리를 질문하게 하시고, 우리를 가르치시고, 우리를 칭송하게 하셨습니다.

하나님의 두 종, 제롬(Jerome)과 오거스틴(Augustine)은 편지를 통하여 그들의 성경해석과 번역방식에 관해 서로 의견을 교환하였는데, 편지의 내용이 열기를 띠기 시작하자, 상대편이 서로 자신을 이해하지 못하는 부분이 있다고 생각하고는, 그들이 생각하기에 성경을 읽는 데 어려움을 느끼는 사람들(나이가 든 여자들과 젊은 하녀들)을 찾아가서 성경의 모든 부분들에 대하여 질문하였습니다.

하나님의 행동뿐 아니라 말씀만을 보면, 하나님은 비유나 은유의 하나님이십니다. 하나님의 행동방식, 하나님의 행동하시는 모습은 은유입니다. 하나님이 구약에서 예배하는 모든 방식은 끊임없는 하나의 알레고리였습니다. 전형성과 비유가 모두에 두루 퍼져있습니다. 비유들이 비유들과 하나가 되고, 그 비유들은 더욱 힘을 얻어 더 멀리까지 비유를 확장합니다.

"할례"는 "세례의 비유"가 되고, 사도행전 10:44~46 세례는 〔최후의 심판 이후 세워질〕 새로운 예루살렘에서 우리가 완전하게 될 때 갖게 되는 "순결의 비유"가 됩니다. 히브리서 4:1~4 하나님은 예언자들의 시대에는 이런 언어로 말하지 않으셨고, 이런 방식으로 일하시지도 않았습니다. 그러나 하나님의 아들을 통해 이와 같은 언어를 사용하신 이후, 하나님은 지금까지도 계속 이와 같이 사용하십니다.

하나님의 아들은 자신을 "하나님의 아들"이라거나 "인간의 아들"이라고 말씀하시는 대신에 더 자주 자신을 "길"이요, "빛"이요, "문"이요, "포도나무"요, "빵"이라고 말씀하셨습니다. 예수는 실제 그리스도로, "문자"의 그리스도가 아닌 "은유"의 그리스도임을 보여주셨습니다.

하나님이 비유와 은유의 언어로 사도들에게 말하기를 즐겨하였듯이, 하나님의 말씀을 문자 그대로 옮겨 적는 것이 기쁨이었던 하나님의 사도들도 하나님의 말씀을 해석할 때는 비유와 은유의 언어를 사용하였고, 하나님께 드리는 "공적인 기도문"과 "사적인 기도문"을 작성할 때에도, 그들은 하나님이 좋아하시는 비유와 은유의 언어로 하나님께 접근하였습니다.

그러한 방식의 문체를 사용하여 말하자면, 나는 폭풍우 몰아치는 오랜 "항해" 후에 "바다"로부터 "육지"를 발견하는 위로를 받았는데, 의사들이 관찰한 병의 진행과 성숙의 징후들은 바다 위에 떠있는 "구름들"과 그 구름들의 "거주지들"이었습니다.

그러나 오, 나의 하나님, 왜, 하나님은 우리 인생의 고통과 불행에 "파도"라는 표현을 사용하십니까? 왜, 하나님은 "파도", "깊은 파도", 그리고 "파도치는 바다"라는 말을 그렇게도 자주 하십니까? 우리는 "익사"하도록 되어있습니까? 바다는 바닥도 없고, 경계도 없습니까?

그런 말투는 하나님의 언어가 아닙니다. 하나님은 가장 깊은 바다에도 맞설 수 있는 처방으로 "성수"를 주셨고, 세례를 통해 죄의 "홍수"를 물리치라고 하셨습니다. 그리고 하나님이 주신 모든 피조물의 생명은 "물"에서 탄생하였습니다. 그러므로 우리의 고통이 바다라고 말씀하실 때, 하나님은 구제책 없이 우리를 위협하셨던 것이 아니었습니다. 우리가 우리 자신을 곰곰이 생각해 보면, 하나님이 하신 일을 알 수 있습니다.

하나님은 소금기 없는 긴네렛(Gennezareth 또는 Chinnereth) 호수를 "바다"라고 부르고, 민수기 34:11; 신명기 3:17; 여호수아 3:27 지중해를 "큰 바다"라 불렀습니다. 민수기 34:6; 여호수아 1:4 그곳에 사는 사람들은 다른 바다를 본 적이 없어서 호수를 바다라고 생각하고, 다른 사람들이 "작은 바다"라고 생각하는 것을 그들은 "가장 큰 바다"라고 생각하였습니다. 그렇게 다른 사람들의 고통의 크기를 알지 못하는 우리는 우리의 고통을 가장 큰 고통이라고 부릅니다.

그러나 나의 하나님, 해협을 흘러가는 바다는 진실로 큰 바다이듯이, 나의 힘으로 어쩔 수 없는 고통은 진실로 큰 고통입니다. 오, 하나님, 하나님은 나의 힘이 되시니, 그 무엇이 하나님의 힘을 능가할 수 있겠습니까? "산들, 세속의 산들은, 하나님의 바다가 솟아오르면 흔들립니다."시편 46:3 막강한 권력을 부여받은 자들, 영적으로 산들과 같은 자들, 은총을 많이 받은 자들 그들 모두가 고통에 흔들리지만, "하나님은 바닷물을 창고들에 쌓아두셨습니다."시편 33:7

하나님의 징벌들조차 하나님의 보물에 속한 것이니, 하나님은 징벌들을 헛되이 사용치 않습니다. 하나님은 징계할 자를 겸손하게 만들기 위해 사용하던 징벌들을 사용한 후, 다시 불러들이시는데, "하나님은 바다에게 명령하시어, 물이 하나님의 명령을 거스르지 못하게 하시었습니다". 시편 8:29 우리의 모든 물들은 요단강으로 흘러들어 갈 것입니다.+ 그리고 "하나님의 종들은 요단강 마른 땅을 밟고 지나갔습니다". 여호수아 3:17 하나님의 종들이 홍해(하나님의 아들 예수의 피의 바다)로 들어갔지만, 홍해는 하나님의 종들 가운데 그 누구도 익사케 하지 않을 것입니다. 출애굽기 14:29

"바다를 항해하는 자들은 바다의 위험에 대해 말합니다."외경전도서 43:24 바다 한가운데서 고통을 받고 있는 나는 바다에 대하여 말할 수 있는 영광의 덕을 하나님에게 입고 있습니다. 그러나 현인이 내가 말하도록 하여 나는 말하려니, 나는 "말을 많이 하지만 부족하오니, 간단히 말해, 하나님은 전능하십니다". 외경전도서 43:27

오, 나의 하나님, 하나님은 전능하시고, 고통은 우리가 감당하기에 너무나 깊은 "바다"이오니, 우리의 피난처는 어디입니까? 하나님의 방주, 하나님의 "배"입니다. 모든 다른 바다들, 모든 다른 고통들, 하나님이 만드신 이들 수단들, 그리고 이 바다, 이 병 가운데 있는 하나님의 "배"는 곧 하나님의 의사입니다. "우리는 아무런 기술도 없이 바다로 나가지만, 하나님은 바다에 길 하나를 내시니 그 길은 물 가운데 안전한 길로, 하나님

+ 하나님의 종들이 요단강을 건너야 할 것이다.

은 모든 위험으로부터 우리를 구원하실 것입니다."외경잠언 14:3~4

그리고 나는 다음의 말이 덧붙여 있음을 봅니다. "그럼에도, 우리의 지혜가 일하기를 게을리 하면, 우리는 구원받을 수 없습니다."외경잠언 14:5 하나님은 수단들이 없이도 구제할 수 있습니다. 그러나 하나님은 구제할 것이라고 그 누구에게도 말하지 않고, 구제하지 않을 것이라고 모두에게 말했습니다. 백부장이 바울 사도보다 선장의 말을 믿었을 때, 그들 모두는 커다란 위험에 처하였습니다. 사도행전 27:11 이것은 수단의 주인되시는 하나님보다, 하나님이 사용하시는 수단을 더욱더 믿었음을 보여주는 예입니다.

그러나 나의 하나님, 하나님은 모든 곳에 계시지만, 하나님의 "배" 이외의 다른 곳에서 나에게 나타날 것이라는 약속을 하시지 않았습니다. 하나님의 "축복된 아들은 배로부터 설교하셨는데", 누가복음 5:3 그 수단은 설교입니다. 예수는 설교를 했습니다. 그 배는 교회라 할 수 있고, 예수는 그곳에서 설교했습니다.

"하나님은 바울 사도에게 그와 함께 항해하는 모든 사람의 생명을 맡기셨습니다."사도행전 27:24 그들이 바울과 함께 배에 있지 않았다면, 그 〔생명의〕 선물은 그들에게 주어지지 않았을 것입니다. "하나님의 아들은 배에서 나오자마자 바로 무덤들 사이에서 나온 악한 귀신들린 사람을 만났습니다. 아무도 그를 잡아둘 수 없었는데, 쇠사슬로도 묶어둘 수 없었습니다."마가복음 5:2~3 하나님의 아들은 수단을 사용할 필요가 없었습니다. 그러나 수단이며 의사이기도 한 배를 떠나면, 우리는 위험에 빠지게 됩니다. 의사들이 바다에서 우리에게 배들이듯이, 의사들이 머물러야 할 배 한 척이 있습니다.

오, 나의 하나님, 선원들이 배를 떠나려 할 때, 하나님의 종 바울이 백부장에게 한 말을 사용하여 나 자신을 도울 수 있게 하소서. "이 배에 이들이 머물지 않고서는 당신들은 안전할 수 없습니다."사도행전 26:31 우리들의 배들인 의사들이 우리의 배인 "진리", 진지하고 성스럽게 하나님을 예배하는 하나님의 복음서에 머물지 않는다면, 우리는 안전하다고 보장할 수 없습니다. 우리는 우리의 "배", 의사를 가지고 있지만, 백부장은 그의 "배", 종교를 가지고 있지 않았습니다.

그리고 수단은 사슬로 연결되어 상보적으로 묶여있지 않다면 수단의 역할을 하지 못합니다. 하나님의 사도가 말합니다. "배가 아무리 크고, 아무리 거센 바람이 불어와도, 배는 매우 작은 키로 조종하여도 사공이 가고자 하는 곳으로 끌려갑니다."야고보서 3:4 사람들이 아무리 배움이 많더라도, 그들의 노동을 선으로 바꾸는 것은 종교입니다.

그러므로 "배들의 삼분의 일이 파괴되었다"는 것은 매우 심각한 "저주"입니다.요한계시록 8:9 모든 종교 또는 진정한 종교가, 하나님이 바다로 우리를 인도하기 위해 보내신 이들 배들 가운데 많은 배들을 버린 것은 심각한 저주입니다. 그러나 오, 나의 하나님, 나의 하나님, 나는 나의 배를 가졌고 그들〔의사들〕도 그들의 배들을 가졌으며, 내가 그들〔의사들〕을 갖고 있고 그들이 하나님을 갖고 있다면, 어찌하여 우리는 아직도 육지에 가까이 가지 못하는 겁니까? 하나님의 아들의 사도가 기꺼이 예수를 배 안으로 받아들이자, 배는 곧 그들이 가려던 땅에 이르렀습니다. 요한복음 6:21

그들〔의사들〕과 나는 왜 그렇게 닿지 못합니까? 하나님이 원하시면, 행해질 것은 즉시 행해집니다. 하나님이 의도하시면, 모든 행동은 종결되고, 과거에 행해졌던 것이 미결상태로 남습니다. 그렇다면 나에게 희망이 사라진 것입니까? 하나님의 선지자 예레미야는 절망하지 말라고 합니다. 그는 "우리는 희망을 갖고, 주의 구원을 조용히 기다리는 것이 좋다"라고 말합니다. 예레미야애가 3:26 마지막 날까지 많은 판결들이 유보돼, 많은 사람들이 어떤 판결도 받지 못하고 세상을 떠납니다. 하루 동안 하나님이 자비를 베풀지 않으신다고, 내가 참지 못하겠습니까?

그러나 오, 나의 하나님, 하나님은 내게 그렇게 하시지 않으십니다. 미래의 자비에 대한 확신이 곧 현재의 자비입니다. 그러나 현재의 나의 확신은 어떠합니까? 내가 가지고 있는 나의 확신의 징표는 무엇입니까? 그것은 단지 "구름"입니다. 나의 의사들이 "구름"이라 부르는 것이 그들이 갈 방향을 제시해 줍니다. 단지 구름일 뿐입니까? 모든 세상이 다 보았던 위대한 징표, "무지개"는 세상이 영원히 물에 잠기는 것을 막겠다는 징표로, 요한계시록 4:3 단지 "구름"을 반사시킨 것이었습니다. 출애굽기 13:21; 16:10 구름은 교회를 인도했던 "기둥"이었고, 구름 속에 하나님의 영광이 나타났습니다.

오, 나의 하나님, 극심한 가뭄이 들었을 때, 하나님의 종 엘리아(Eliahs)가 무엇을 했습니까? 그는 사람들에게 바다를 바라보도록 했습니다. 사람들은 바라보았지만, 아무것도 보지 못했습니다. 그는 그들에게 거듭 일곱 번을 반복하여 바라보라 했습니다. 그러자 그들은 일곱 번을 바라보고 나서야 바다로부터 작은 구름이 피어오르는 것을 보았습니다.[열왕기상 18:44] 그리고 곧 비에 대한 그들의 소망을 이루었습니다.[열왕기상 18:45] 7일간 비가 왔습니다.

오, 나의 하나님, 우리는 이 구름을 찾아다녔고, 이제 우리는 그 구름을 찾았습니다.[창세기 7:4] 하나님이 보여주신 징후들 가운데 그 무엇도 의미가 없지 않습니다. 하나님은 하나님의 모습을 징후로 나타내시었고, 하나님의 징후들은 결과들로 나타났습니다. 하나님이 영광을 받으시는 곳마다, 하나님이 행하신 결과들은 위로가 되고, 회복이 있었습니다.

기도

오, 영원하시고, 가장 자비로우신 하나님. 하나님이 세상을 창조하시기 이전 하나님은 수억만 년의 세대를 흘려보내셨지만, 창조를 시작하시어 모든 일을 마치시고 안식의 휴식을 취하실 때까지 그 일을 멈추시지 않으시고 매일 일하셨습니다.[창세기 2:2] 하나님은 나의 병을 통하여 하나님 자신을 드러내시리라는 기대와 함께 나의 인내를 오랫동안 시험하시어 하나님을 영광되게 하시었습니다. 하나님은 우리에게 희망을 주시는 선함을 베푸셨으니, 희망을 주시는 일이 지금도 하나님을 영광되게 하시는 방식이라면, 나에게도 희망을 주시는 방식으로 일을 계속하시고, 이제 그 일을 끝내시고, 나를 안식하게 하시어, 하나님 가운데서 나를 휴식하게 함으로, 이 일을 육체를 회복하시는 하나님의 징표로 삼으소서.

하나님의 사제들이 예배당에서 계단을 밟고 하나님께로 올라갑니다. 에스겔 40:49 하나님의 천사들은 사다리 계단을 밟고 야곱에게 내려왔습니다. 창세기 28:12 그러나 하나님이 직접 낙원에 있는 아담(Adam)을 찾아오실 때와, 창세기 19:24 화가 나시어 소돔(Sodom)으로 오실 때, 우리는 하나님이 어떤 계단을 밟고 오셨는지 알지 못합니다. 하나님, 오직 하나님만이 동시에 모든 일을 하실 수 있으십니다.

그러나 오, 주여, 나는 하나님이 행하시는 일의 속도에 마음 쓰지 않고, 나 자신의 인내에도 마음 쓰지 않습니다. 하나님이 뜻하신 일을 더 빨리 이루시라고 재촉하는 기도와, 소망과 희망을 갖고 있지 않습니다. 또한 하나님의 영광 이외에 또 다른 어떤 것이 하나님의 의도에 있는지를 알려 하는 것도 아닙니다. 나를 향해 오시는 하나님의 발자국 소리를 듣는 것은 내가 직접 하나님의 얼굴을 마주하는 것과 같이 위로가 되는 일입니다.

하나님이 하루에 천년의 일을 하시든, 하루의 일을 천년으로 늘려 하시든, 하나님이 일하시는 동안에 그 일은 빛이요 위로가 되는 일입니다. 그와 같은 기쁨이〔빛과 위로〕 연장되면 그것이 곧 천국입니다. 그리고 회복의 방식으로 하나님이 여유를 가지시고 진행하시는 이 자비의 연장은 지상에 있는 나에게는 천국을 보여주는 것입니다.

하나님이 징후와 전형의 모습으로 나타나시었던 그 유태인들로부터 하나님은 떠나셨는데, 그들이 자신들만을 믿었기 때문입니다. 그러나 하나님 자신이 직접 나타나시고, 하나님의 아들이 나타나시는, 하나님의 교회로부터 하나님은 결코 떠나시지 않을 것입니다.

우리는 더할 수 없이 예수를 믿습니다. 하나님이 나에게 회복의 징후들을 보여주시는데, 내가 그 징후들이 단지 자연현상일 뿐이라고 믿고 이제 자연이 자신의 일을 시작하여 모든 것이 끝날 것이라고 말하기 시작한다면, 그 일은 하나님께 속한 일이 아닌 것이 되어서 나의 희망도 곧 사라질 것입니다. 만일 하나님이 나에게서 완전히 손을 떼시어 나와의 관계를 깨끗이 끊으시면, 자연이 홀로 나를 파괴할 수도 있을 것입니다. 하나님이 도움의 손길을 더 이상 주시지 않으시면, 자연의 도움이란 얼마나 부질없고, 의술의 도움이란 얼마나 무능하겠습니까?

아침 이슬이 저녁이 가져올 풍성함의 약속이듯, 그렇게 오, 주여, 하나님의 자비가 내게 어떤 목적과 어떤 방식으로 행사하든, 나를 완전히 하나님의 뜻과 일치하게 하시어, 오늘 받은 위로가 내일의 증거되게 하소서.

20

소화된 물질들을 검토 후 의사들은 내장을 청소한다

Id agunt

묵상

협의란 행동보다는 마음의 활동과 관련된 것처럼 보이지만, 행동은 협의의 정신이고 영혼이다. 협의가 늘 결의로 끝나지는 않는다. "이 문제가 확정되었다"라고 늘 우리가 말할 수는 없다. 행동이란 결과이므로, 우리가 "이미 끝났다"라고 말할 수 있다. 우리가 법정에서 법을 집행하는 판사를 볼 때, 법은 경외감과 위엄성을 보여준다. 전쟁 협의기구가 군대의 위임권한을 부여받았을 때, 그 기구는 영향력이 있고 작전권도 갖는다.

국가에 봉사한 사람을 기억하기 위하여 기념비로 그를 헤르메스(Hermes)의 "상"으로 만드는 것이 옛 방식이었다. 헤르메스 상은 정육면체 위에 머리와 어깨를 가진 상으로 어깨에는 두 팔이 없다. 그 상은 그가 조언을 통하여 계속하여 국가를 도와주고 있음을 보여준다. 왜 손이 없는 상이 만들어지게 되었는지 그 신비함에 대해서는 관심이 없다. 그러나 조언자가 조언을 하는 과정에서 혹시나 뇌물의 유혹을 받지 않을까 해서 처음부터 그 유혹을 차단하기 위해 그의 손을 뻗을 수 없게 절단했다는 것이 나의 생각이다. 그의 머리가 필요한 것이지 그의 손이 필요한 것은 아니다. 똑같은 사람이 협의도 하고 협의를 통해 결정된 사항도 집행해야 할 필요는 없다. 그러나 손이 머리에 관여하지 못하게 하고, 행동이 협의에 관여하지 못하게 해야만 한다는 철칙이 흉상에서처럼 그렇게 철저하게 지켜지지는 않는다.

결혼의 열매라 할 아이들을 낳는 일에 반대하면 결혼이 결혼이라고 할 수 없듯이, 처음부터 협의의 결정을 수행할 의도가 없다면 협의는 협의가 아니라, 환상일 뿐이다. 학문의 두 영역인 인문학과 자연과학은 그 활동영역과 활동분야가 머리에 가장 가깝다. 그러나 입증하는 학문인 논리와, 설득의 학문인 수사학은 "손의 의미"와 관련이 있다. 논리는 "손안"에 움켜쥐는 것과 같고, 수사학은 "손"이 늘어나 확장하여 포용하는 것과 같다.

인간의 능력과 신의 능력에 대하여 이야기할 때도, "모든 것은 그의 손안에 있다"는 표현을 사용한다. 우리는 협의할 것을 생각할 때보다 협의를 집행할 때 더 자주 하나님의 이름을 거론한다. 하나님은 어떤 표현보다 "만유의 주님"(Lord of Hosts)이라고 더 자주 불리는데, 인간이란 불안정한 상황을 살아가는 까닭에 그의 행복이 어떤 것이든 그 행복으로 이끄는 것들 가운데 어느 하나의 요소라도 부족하면 그는 행복할 수가 없음을 생각할 수 있기 때문이다. 행복이란 행복을 구성하는 모든 요소들을 다 갖추고 있어야 하므로, 하나님은 "만유의 주님"이시다.

〔의사들의〕 협의가 없이 나는 이렇게 건강하지 못했을 것이고, 〔의사들의〕 행동과 실천이 없었다면 건강함에 가까이 가지 못했을 것이다. 현재 나에게 필요한 행동이란 무엇인가? 정화하는 일로, 거꾸로 가는 일이고 자연에 역행하는 일이고 더욱더 약해지려 하는 일이다. 오, "뺄셈"〔정화〕으로 덧셈〔건강〕하는 이상한 방식이여, 오, 너무 비싼 대가이다. 〔정화란〕 자연에 역행함으로 자연을 회복시키는 일이고, 허약함을 높여 힘을 강화하는 일이다.

전에도 나는 병에 걸리지 않았던가〔건강을 위하여 병에 걸렸다는 의미이다〕? 의사가 하나님을 병들게 하였습니까〔정화라는 방식으로, 환자를 치료하기 위하여 환자를 병들게 한다〕? 그 말은 위로의 질문이 아닌가? 나의 의사가 나를 병들게 만들겠다고 약속하지 않았는가? 우리는 우리가 겪게 될 인간의 불행, 즉 인간이 불행해 하는 때와 시기를 더 심도 있게 살펴보아야 할 또 다른 단계에 이르렀다. 그 일은 지금 행해져야 한다.

오, 인간의 불행은 지나칠 정도로 오묘하고, 지나치게 세심하고, 지나치게 끈덕지며, 지나치게 사교적이어서 홀로 오는 경우가 드물고, 올 때는 반드시 다른 불행들과 함께 와서는 서로 서로 더 높여주며 더 좋은 유대관계를 유지한다. 나는 삐쩍 마를 때까지 시달리고, 배설을 지속하여, 유해한 독소들이 완전히 비워질 때까지 정화되어야 한다.

논의

나의 하나님, 나의 하나님. 모두에게 마땅한 자리를 마련하시어, 자리를 두고 다투는 일 없도록 하신 하나님. 〔자리의〕 높이가 아니라 질서를 중시하시는 하나님. 언제, 영적 우위를 다투는 싸움에 종지부를 찍으시려 하십니까? 인간들은 언제야 그 무모한 논쟁을 그만둘 것입니까?+ 어느 것이 먼저입니까? 믿음이 먼저입니까? 회개와 실천이 먼저입니까? 믿음이 먼저이면 어떤 일이 벌어지고, 실천이 먼저이면 어떤 일이 일어납니까?

"머리"와 "손"은 "비문명인"에게 요구되고, "협의"와 "행동"은 "문명인"에게 요구되며, "믿음"과 "행동"은 "영적 인간"에게 요구됩니다. "나는 믿습니다"라고 누구나 쉽게 말할 수는 있겠지만, 믿음을 입증하기란 쉽지 않습니다. 마음에 새겨진 〔믿음의〕 증거는 쉽게 제시할 수 있는 것이 아닙니다. (누가 마음의 기록들을 볼 수 있겠으며, 누가 그들을 찾아낼 수 있겠습니까?)

그렇기 때문에, 내가 믿고 있든 아니든, 오, 나의 하나님, 하나님은 자주, 매우 진지하게 우리에게 〔하나님의〕 손, 〔하나님의〕 행동들을 관찰하라고 하시는 것 아닙니까? 대단히 지루하게 지연되는 협의들은 의심이 가고, 다소 비난받아야 할 여지가 있습니다. 좋은 기회들이 오랜 협의 때문에 사라집니다. "그물을 수

+ 회개와 실천보다 믿음이 우선한다는 논의는 당대의 로마교회와 개신교 모두의 신학적 논쟁의 쟁점이었다.

선하여야" 하겠지만, 그 일을 너무 오랫동안 하면, 그것은 게으름이라 할 수 있습니다. "바람이 그치기를 기다리다 씨를 뿌리지 못하고, 구름이 걷히기를 기다리다가 곡식을 거두지 못하는 자"전도서 11:4는 관찰을 너무 많이 하여 행동을 지연하고, 행동을 너무 신중하게 하는 까닭에 자신의 게으름의 근거를 연구하는 자와 같습니다. 하나님의 현명하고 충실한 종 솔로몬(Solomon)은 "손이 게으른 자는 가난하게 되고, 손이 부지런한 자는 부유하게 된다"잠언 10:4라는 내가 동의할 수 있는 말을 하였으니 더 이상 그 말에 논평하지는 않겠습니다. 악한 일은 모두 〔하나님의〕 손이 부재하여 생긴 일이고, 선한 일은 모두 〔하나님의〕 손이 동참하여 생긴 일입니다.

나의 하나님, (모든 선한 지식은 하나님으로부터 비롯된 것임을 알게 하신 하나님 이름에 영광 있으라) 하나님은 마음을 생각하시지만, 우리의 손을 보시고 눈을 떼시지 않으심을 내가 압니다. 아니, 나의 하나님, 하나님의 성령은 우리가 시작한 곳에서 하나님도 시작하심을 보여주시지 않으셨습니까? (적어도 하나님은 우리가 "그곳에서 시작하도록" 허락하십니다) 하나님 말씀에, "누가 주의 산에 오를 수 있습니까? 죄 없이 깨끗한 손입니까? 깨끗한 마음입니까?"시편 24:3~4란 표현에는 질문과 해답이 함께합니다. 하나님은 (적어도) 우리에게 먼저 〔하나님의〕 손을 언급하지 않으셨습니까? 우상숭배자들을 처형하는 현장에서 그들의 손이 한 일, 즉, 하나님의 성령을 빌려 자신들의 종교적 열정을 표명하였던 일도 자신들을 성스럽게 한 일이 아니었습니까?+ 그들의 손이 바로 모두 그들이라고 말씀하셨습니다. 이름을 올바르게 짓는 방법을 잘 아시는 하나님의 말씀을 보면, 협의조차 손이라는 이름 아래 진행됩니다. 사울(Saul)은 사제들의 협의가 다윗(David)을 도와주었기 때문에 사제들의 손이 다윗과 함께하였다고 말했습니다. 모세(Moses)가 자주 말하였던 방식대로 하나님의 예언자도 자주 되풀이 하여, 협의나 음성을 통해서가 아니라, 모세의 손과 예언자들의 손을 통해, "주님이 이러이러한 것을 말씀하셨고", "주께서 말씀하셨고", "주께서 명령하셨다"라 말했습니다. 우리는 자신을 입증할 때, 타인들과 우리 자신의 손, 행동, 그리고 일을 통해서 합니다. "손" 이전에 있는 것은 "믿음"이고, "손" 뒤에 따르는 것은 "고통"입니다. 그러나 가장 두드러지고, 분명하고, 눈에 띄는 일은 행함입니다.

오, 나의 하나님, 축복의 하나님, 영적으로 강해지는 일을 실행하는데 왜 나는 이처럼 느린 것입니까? 나는 나의 상태를 살펴보려고 진단하기도 전에, 하나님의 채찍을 맞습니다. 나는 이보다 더 좋아질 수는 없는 것입니까? 만일 종이 위에 원을 그리는 사람이 1인치만 더 그리면 원을 완전히 그릴 수 있는데 컴퍼스를 버린다거나, 그가 다시 똑같은 원의 중심을 찾아 다시 원

+ 자신들을 성스럽게 하였던 그 일도 그들 손들의 일이 아니었던가? 〔출애굽기 32:29〕

을 그리기 시작하지 않는다면, 그가 원을 완성시킬 수 없듯이, 나는 나의 컴퍼스의 발을 하나님께 내리고 있기는 하지만, 나 자신을 생각하느라 너무 멀리까지 나아가, 내가 나의 중심인 하나님으로부터 출발하기는 하였지만, 모든 것을 완전하게 끝내지는 못합니다.

그러므로 이제 내가 행동해야 할 것은, 하나님에게로 다시 돌아가, 하나님의 약, "정화의 약"을 나 자신 복용하는 일, 즉, "고백"을 통해 나의 영혼을 자발적으로 완전히 비우는 것입니다. 정화의 약을 복용하는 일은 자연에 역행하는 것이어서 격렬합니다. 오, 주여, 정화하는 일이 자연인에게는 매우 어려운 일이라 할지라도, 나는 이 고백의 약을 거부하지 않겠습니다. 약을 복용할 때 올바른 방식으로 약을 복용하지 않으면 위험합니다. 오, 주여, 하나님이 "사면의 능력"을 손안에 주신 그〔예수〕에게, 나의 양심에 짐이 되는 것들을 고백하도록 하는 처방을 나는 거부하지 않겠습니다. 나는 그 약이 쉽게 먹을 수 있을 정도로 먹기 좋게 만들어졌음을 압니다. 그러나 약의 효능과 본질이 사라질 정도로 맛만 있는 것은 아닙니다. 나는 양심에 고통이 될 정도의 고백을 쏟아 놓지는 않아, 모든 것들로부터 자유로울 수는 없다는 것을 압니다. 고백이란 문제가 많아 무관심할 수도 있지만, 우리가 이 처방을 받아들여 고백의 방식을 사용하든 하지 않든, 위대한 의사〔갈렌: Galen〕도 이 처방이 그의 시술이었다는 사실을 인정하여 말하기를, "좋은 결과를 가져올 것이라고 확신하지는 못하지만, 그렇다고 다른 대안도 없는 경우, 어떤 해가 되지는 않을 것이라는 확신이 서는 많은 것들을 시술해 볼 필요는 있다"라고 했습니다.

영적 처방〔고백〕을 사용하는 것은 분명 해가 되지는 않을 것입니다. 교회는 늘 고백이 좋은 효과가 있을 것이라 생각했고, 많은 겸허한 영혼들은 고백이 좋은 효과가 있음을 경험하였습니다. 그러므로 나는 "구원의 잔을 들고, 주의 이름을 부르겠습니다."시편 116:13 나는 전에 내가 세속의 "달콤한 잔"을 가득 채웠던 만큼 "회한의 잔"을 채울 것입니다. 그리하여 나는 돌이킬 수 없는 파괴가 따르는 "비방의 잔"을 피할 것입니다. 하나님의 축복된 영광의 아들 예수는 처형될 때 고통을 덜어 줄 "마취의 잔"을 제공받았지만(마취제는 당시 죄수들에게 제공되는 자비였다), 예수는 그 "위로의 잔"을 거부하고 모든 고통을 감수하였습니다. 나는 "마취의 잔"이 아니라, 나의 "죄로 가득한 잔"을 생각하고, 성령의 움직임과 하나님 교회의 규례에 따라 이곳이나 어느 곳에서나 그 죄들을 펴낼 것입니다.

기도

오, 영원하시고 자비로우신 하나님. 남자와 여자를 결혼시켜 그들을 한몸으로 만드시고, 그들이 하나의 영혼이 되어 애정으로 서로 공감하게 하시고, 좋은 일이나 나쁜 일이나 이 세상에 일어나는 모든 사건들마다 서로 마음을 같게 하시었듯이, 간절히 바라오니, 나의 몸과 영혼이 결혼하게 하시어, 나의 영혼이 나의 육체의 회복을 향한 하나님의 자비로운 실천을 바라보게 하시고, 영혼의 회복에도 똑같은 일이 일어나게 하소서. 나는 하나님의 선하심에 힘입어, 하나님이 보통 나의 육체를 위하여 사용하시는 수단으로, 육체를 위험에 빠지게 했던 나쁜 기운들을 씻어내게 되었습니다. 오, 주여, 나의 육체는 하나의 "강"이고, 나의 영혼은 하나의 "바다"입니다. 〔죄의〕 "홍수"가 유입되어 높아진 나의 "영혼의 바다"가 그 "바다"〔영혼〕 위에 솟구쳤습니다. 그러자 하나님은 이들 죄의 홍수로부터 내가 안전히 설 수 있도록 "언덕들"을 나의 안에 세우셨습니다. 우리의 타고난 능력들조차 하나의 "언덕"으로 우리를 죄로부터 보호할 수 있으니, "언덕"이라 할 수 있는 교육, 연구, 관찰, 사례 등은 우리를 죄로부터 보호할 수 있습니다. 그러나 이들보다 높은 언덕들로, 하나님의 교회, 하나님의 말씀, 하나님의 성찬식과 하나님의 규례가 있습니다. 그리고 하나님은 이들 언덕들의 꼭대기로 나를 데려갔습니다. 그러나 이 홍수, 이 범람이, 나의 모든 언덕들 위로 흘러넘칩니다.

죄에 대항할 수 있게 하는 이들 하나님의 도움이 있었음에도 나는 죄를 짓고, 또 짓고, 죄에 죄를 배가하였습니다. 이 홍수를 몰아낼 만한 물이 어디에 있습니까? 이 큰 바다보다 더 큰 붉은 바다가 있고, 그곳에 작은 샘이 있어, 그곳을 통해 이 큰 바다가 그 붉은 바다로 흘러들어갑니다. 진정한 참회와 슬픔이 되시는 하나님의 성령이시여, 모든 나의 죄들을 하나님의 아들의 상처들 속으로 쏟아 부으소서. 그리하여 나는 깨끗하게 될 것이고, 나의 영혼은 나의 육체보다 더 정화되어, 더 멋지고, 더욱 영원한 삶을 누리게 될 것입니다.

21

하나님은 의사들의 시술을 축복하시고, 나사로를 그의 무덤으로부터 불러내셨듯이, 의사들을 통해, 나를 나의 침상에서 불러내셨다

Atque annuit Ille, Qui, per eos, clamat, Linquas iam, Lazare, lectum

묵상

세상에 인간 홀로 남으면 그가 타락하는 일은 없을까? 유혹자였던 여자가 없었다면, 남자가 타락하는 일은 없었을까? 그가 매우 허약하여 어떤 뚜렷한 유혹 없이도 많은 죄악에 빠져드는 것을 보면, 그가 홀로 있었다고 해서 그가 아무 짓도 하지 않았을 것이라고 생각할 수 있을까? 하나님은 살아남기 위해 그가 조력자를 필요로 한다는 것을 아셨다. 그러나 악마가 보기에, 여자를 악하게 만든다면, 굳이 제3의 인물이 필요치 않았다. 아담의 경우, 우리도 그러한데, 하나님만으로는 충분하지 않았다. 이브의 경우, 우리도 그러한데, 악마만으로도 충분했다.

인간이란 자신과 싸울 때, 오, 그는 얼마나 거인인가? 그리고 그가 자신을 스스로 도울 필요가 있어, 스스로를 도우려고 할 때, 그는 얼마나 난쟁이인가? 나는 의사가 나를 건강하게 만들 때까지 나의 침상에서 일어날 수 없다. 아니, 그가 침상에서 일어나라고 말할 때까지, 내가 일어날 수 있을지 나는 알 수 없다. 나는 아무것도 하지 못하고, 나 자신에 대해 아는 것이 전혀 없다. 홀로 있는 사람 누구나 세상에서 얼마나 왜소하고 무능한 존재인가? 그 인간〔홀로 있는 인간〕은 다른 사람과 비교하여 그 자신 얼마나 더 별 볼일 없는 존재인가? (몇몇 경우에 그런 일이 일어나듯이)

더 많은 불행과 더 많은 억압이 오히려 그에게 더 편안함을 안겨주는 경우가 있는데, 그는 더 많은 불행의 부가로 이제는 그 자신 감당할 수 없을 정도로 그렇게 작아져 있기 때문이다. 거의 죽을 지경으로 더 많은 불행이 닥쳐도 무관심할 정도이면, 이제 그는 더 많은 불행을 감당할 수 없는 상태이다. 그가 홀로 죄를 짓고 홀로 고통받을 수 있겠으나, 그는 제 3자 없이는 회개할 수 없고, 죄를 사면받을 수도 없다. 제 3자가 나에게 “일어나도 좋다”라고 말하면, 그때 나는 일어난다. 그러나 매번 일어나는 것이 선호되는 것인가? 아니면 매번 선호되는 것이 일어나 있는 것인가? 내가 침대 위에 누워 있을 때보다, 일어나 있을 때가 땅에 넘어지기 쉽다.

오, 인생이란 얼마나 뒤틀린 방향으로 가는 불규칙한 운동인가? “일어나 있다는 것” 그 자체가 또한 파멸로 가는 길이다. 일어나 있는 사람들 가운데 얼마나 많은 인간들이 서 있는 그 위치를 버티지 못하는가? 어느 구석도 비워둘 수는 없으니, 빈 공간이란 있을 수 없다. 그 사람이 그곳을 채우지 못하면, 다른 누군가가 그곳을 차지할 것이다. 그의 부족함을 비판하는 자들이 그 자리를 채울 것이다. 아니, 자연은 빈 공간을 매우 싫어한다. 어느 인간이 공간을〔자신의 자리를〕 "채우지 못하고 있다"고 단지 상상하고 있을 뿐인데도, 단지 상상만인데도(아무 근거도 없이, 단지 상상만으로, 누구의 상상인지는 아무도 모른다), 그가 그의 자리를 부패시켰다거나, 그 자리에 그가 부족하다거나, 아니면, 누군가 그를 대체할 사람이 준비되어 있다는 등의 소문과 말이 돌아다닐 것이다.

어느 사람이 그의 자리를 지키지 못한다거나, 지키지 못할 것이라는 소문 때문에, 그가 때때로 일어나기는 하겠지만, 서 있지는 못하는 경우가 있다. 그가 그 자리에 있기에는 넘쳐나는 사람이어서, 때때로 그 자리를 지키지 못하는 경우가 있는데, 그는 그곳을 망치거나, 짐이 될 정도로, 지나친 덕성, 지나친 정의, 지나친 청결을 보여주기 때문이다. 그곳에서 그의 청결은 그의 선임자를 비방하는 것이 되어 선임자에게 치욕을 안겨 주고, 그의 후임자에게는 모범을 보임으로 후임자에게 짐을 안겨 주고, 그 자리가 있을 만한 자리가 아니게 하여 그 누구도 그 자리에 가지 않게 할 수 있다.

나는 일어나 자리를 지킬 만한 사람처럼 이리저리 돌아다닌다. 나는 지구가 돈다는 새로운 이론에 찬성하는 사람이다. 지구는 나에게 서 있는 듯이 보이지만, 지구가 "원을 그리며 움직이고 있다"고 믿지 말아야 할 이유가 무엇인가? 나의 동료에게는 내가 서 있는 듯 보이지만, 서 있을 때 나는, 현기증 나는 원을 그리며 움직이는 것은 아닌가? 불행함을 제외하고, 인간에게 "중심"이란 없다.

불행, 단지 그곳에 인간은 고정되어 있고, 그곳에서 분명하게 자신을 발견한다. 그가 아무리 조금만 일어서 있더라도, 그는 움직이고, 현기증 나게 원을 그리며 움직인다. 하늘에는 세계의 주위를 도는 단지 몇 개의 원들, 그러나 그들은 중심이 다른 큰 원들의 둘레 위를 회전하는 많은 작은 원들, 그리고 그보다 작은 또 다른 원들, 그러나 여전히 원들인 그러한 원들이 있듯이, 인간들, 일어나서 원들을 그리며 움직이는 사람들이 있다.

그들 가운데는 장소를 이리저리 옮기지만, 유익한 장소들을 지나쳐가는 사람들은 거의 없고, 작은 원들 속으로 빠져 들어가 한두 발을 걷다가 더 이상 가지 못한다. 그들은 중심에 일어서 있었을 때만 못하다. 모두가 인간의 불행을 보여주거나, 설명한다. 이를 설명하기 위하여, 나 자신 말고 더 멀리 갈 필요도 없다. 오랫동안 나는 일어설 수 없었다. 마침내 나는 타인에 의해 일으켜 세워져야 했고, 이제 나는 일어서게 되었다. 그리고 나는 이전보다 더 낮게 굽힐 각오가 되어 있다.

논의

나의 하나님, 나의 하나님. 다음 세상의 거울은 이 세상의 거울보다 얼마나 큽니까?+ 우리가 하나의 거울로부터 또 다른 거울을 만들어내는 기술을 가지고 있어서,++ 자손들을 오랜 세월 유지할 수 있듯이, 하나님도 그런 방식으로 인간들보다 더 많은 일들을 하십니다. 우리는 천국에서 부활할 것입니다. 그 지식을 갖게 하기 위하여, 하나님은 이 세상에서 다른 거울을 사용하십니다. 우리는 우리가 죄로부터 부활할 것을 믿습니다. 그리고 또 다른 거울을 사용하시는데, 우리는 우리의 육체가 이 세상의 불행과 재앙으로부터 부활할 것을 믿습니다. 이처럼 나의 육체의 부활이 곧 나의 영혼의 부활임을 보여줍니다. 이 세상을 사는 동안 우리의 육체와 영혼은 둘로 나뉘어 있지만, 저 세상에서는 둘이 하나가 될 것입니다.

하나님의 순교자들이 하나님의 제단 아래에서 무릎 꿇고 기도하며 자신들의 육체가 영광의 빛으로 부활하기를 간절히 하나님께 간구하였듯이, 하나님이 이미 행하셨던 건강으로의 부활

+ 지금은 우리가 거울 속 영상을 바라보듯 희미하게 보지마는, 그때는 우리가 얼굴과 얼굴을 마주 볼 것입니다. 〔고린도전서 13:12〕 지금은 내가 부분밖에 알지 못하지마는, 그때에는 하나님께서 나를 아신 것과 같이, 내가 온전히 알게 될 것입니다. 〔고린도후서 3:18〕

++ 자식들을 낳을 수 있는 것을 말한다.

을 하나님께서 완성하여 주시기를 내가 간절히 기도하더라도 용서하여 주실 것을 믿습니다. 그러나 오, 나의 하나님, 내가 잘못 요구하는 것이라면 더 이상 요구하지 않을 것이니, 나를 더 악화시킬 것을 간구하지는 않겠습니다. 나는 죄의 온상으로 죄짓기를 즐겨합니다. 나는 죄의 무덤으로 죄짓는 일에 무감각합니다. 나사로(Lazarus)는 부패상태에 있었지만,[요한복음 11:17] 나는 50년을 그렇게 지내고 있습니다. 나의 영혼은 나사로의 죽은 육체처럼 죽어있는데, 큰 목소리로 나사로를 불렀듯이,[요한복음 11:43] 왜 나를 부르지 않습니까? 오, 나의 하나님, 나도 천둥 같은 하나님의 목소리가 필요합니다. 하나님의 음악 같은 목소리는 나에게 통하지 않습니다. 하나님은 하나님의 예식을 수행하는 하나님의 종들을, "바람",[예레미야 4:11~12; 30:23; 에스겔1:4] "전차",[예레미야 4:13; 스가랴 6:1] "폭포", 등 큰 소리로 불렀습니다. 그래야 하나님의 목소리가 들려야 할 곳에서 들릴 것입니다.

하나님의 아들이 하나님과 함께 인간을 만들 때, 그곳에는 단지 하나의 대화, 단지 하나의 "말"뿐이었습니다. 오, 축복되고 영광된 삼위일체 하느님, 그곳에는 삼위일체 세 분 이외에 듣는 이 없었고, 세 분은 같은 것을 말하시어 쉽게 서로 말하는 것을 들었습니다. 그러나 하나님의 아들이 구원의 사역을 하려고 세상에 오셔서, 하나님의 말씀을 하실 때, 그 말씀을 듣는 자들은 천둥소리를 들었습니다.[요한복음 12:28] 예수의 오심을 준비하였던 세례 요한은 속삭이는 자의 소리가 아닌 외치는 자의 목소리였고,

마태복음 3:3; 마가복음 1:3; 누가복음 3:4; 요한복음 1:23 하나님의 아들은 십자가 위에서 그 외침에 두 배나 되게 큰 소리를 내었습니다. 마태복음 27:46,50 하나님의 목소리는 큰 소리입니다. 하나님의 종 모세(Moses)가 말하기를, "하나님은 이들을 큰 목소리로 말씀하셨고, 더 이상 덧붙이시지도 않으셨다"고 했습니다. 신명기 5:22 하나님의 말씀이 분명한데, 아무도 그렇게 큰 소리로 말할 수 없습니다. 우리가 하나님의 말씀을 꼭 들어야 하는 것처럼, 그렇게 그 누구도 그의 말을 듣도록 우리에게 강요할 수 없습니다. 그의 목소리를 가장 높여 말한들, 그의 목소리가 어떠하겠습니까? 우리가 들을 수 있도록, "하나님은 하늘로부터 천둥소리로 말씀하십니다." 사무엘하 22:14 하나님의 목소리는 대단히 힘 있게 들릴 뿐 아니라, 대단한 의무감을 갖도록 우리에게 들리어, 반드시 실행하도록 들릴 것입니다. 시편 68:33 하나님은 우리에게 〈시편〉을 주시어 우리가 하나님의 목소리를 생각하도록 하셨습니다. 하나님의 목소리는, 하나님의 아들이 말하였듯이, "죽은 자가 그 말씀을 들을 수 있는", 요한복음 5:25 그런 목소리입니다. 그리고 지금 나의 상태가 죽은 자와 같습니다. 오, 나의 하나님, 왜, 힘찬 목소리로 나에게 말하지 않습니까? 성 요한은 〔하나님〕 음성을 듣고, 그 음성이 누구의 것인가 알려고 돌아섰습니다. 요한계시록 1:12

때때로 우리는 하나님이 도구로 사용하시어 말씀하시는 사람에 대해 매우 의심스러워합니다. 그러나 하나님이 우리의 가슴에 대고 말할 때는 가장 크게 말씀하십니다. 하나님의 종 욥

(Job)은 하나님의 목소리가 아닌 인간의 목소리를 들었는데, 그는 조용한 가운데 어떤 목소리를 들었습니다. 욥기 4:16 나는 하나님의 예배를 드리는 동안, 하나님의 목소리에 귀를 기울입니다. 그러나 비국교도의 비밀집회에서 들리는 속삭임에는 귀 기울이지 않습니다. 오, 나의 하나님, 지금은〔던은 성공회 신자였다〕 하나님의 목소리를 듣고 있지만, 그때에〔비국교도 신자와 함께할 때〕 내가 하나님의 목소리 이외에 아무것도 듣지 않도록, 나에게 더 크게 말씀해주십시오. "아벨(Abel)의 피가 땅에서 울부짖듯이", 창세기 4:10 나의 죄들이 크게 소리쳐 들립니다. "강들이 물결소리를 높이듯", (그리고 물소리는 고통의 소리이다) 열왕기상 22:27; 역대하 18:26 나의 고통이 크게 소리칩니다. 그러나 오, 주님, 하나님의 목소리는 "큰 바다의 물소리보다 크시니", 시편 93:3~4 세상의 많은 고통의 소리들보다 크시고, 영적인 많은 고통의 소리들보다 크시니, 이들 두 고통들 가운데 어느 고통의 소리보다 더 크십니다. 왜, 하나님은 그렇게 큰 목소리로 나에게 말하시지 않습니까? "인간은 무엇이고? 무엇에 봉사합니까? 그의 선은 무엇이고? 그의 악은 무엇입니까?"외경전도서 18:8 하나님이 나를 침상에서 불러내신 것을 보면, 나의 죄의 침상은 악하지 않으니, 그렇게 절망적으로 악하지는 않습니다.

그러나 내가 침상으로부터 일어나는 일은 하나님이 크게 부르시지 않으시면, 그리고 내가 일어설 때 나를 잡아주시지 않으시면, 나의 건강은 좋아지지 않습니다. 완전히 좋아지지는 않습니다. 오, 나의 하나님, "인간은 건강하여진 다음에 또 다시 죄를 짓기 시작한다"외경전도서 18:7라는 이 무서운 말을 내가 따를까 두렵습니다. 그의 육체가 죄 지을 수 없는 경우가 생기면, 이번에는 그의 죄 많은 기억이 육체를 대신하여 그의 옛 죄들을 다시 짓게 합니다. 하나님이 우리로 하여금 양심의 가책을 기억하게 하신 일에 대하여 우리는 기쁘게 생각합니다. 사울(Saul)은 다윗(David)에 대해 말하기를, "내가 직접 그를 죽일 터이니, 다윗을 침대와 함께 나에게 들고 오라"고 하였습니다. 사무엘상 19:15 하나님은 그런 방식으로 말씀하시지 않으시니, 그 말은 하나님의 목소리가 아닙니다. "요아스(Joash)의 종들은 그가 침상에 병들어 누워 있을 때 그를 살해했다"역대하 24:25하였지만, 내가 병들어 누워 있을 때, 하나님은 나의 종들로 하여금 나를 게을리 하거나 피곤케 하지 않게 하셨습니다.

하나님은 위협의 말, "목자가 사자 입에서 양의 두 다리와 귀 조각 하나를 빼어내듯이, 사마리아에 사는 이스라엘 자손들은 침대 모서리째, 그리고 다마스쿠스에 사는 이스라엘 자손들은 긴 의자째 빼내어질 것이다"아모스 3:12라 하셨습니다. 위험에서 벗어난 자들조차 파멸하게 되는데, 하물며 죽음의 침상에 있는 나는 얼마나 더 죽음에 노출되어 있는 것입니까? 그러나 하나님은 나를 그렇게 취급하시지 않으셨으니, "심지어는 병든 사람들을 거리로 메고 나가서, 침상이나 깔 자리에 눕혀 놓고 하나님의 종 베드로가 지나갈 때에 그 그림자라도 그들 가운데 누군가에 덮이기를 원했습니다."사도행전 5:15 오, 나의 하나님, 하나님은 나를 하나님의 그림자로 덮으시고 나를 새롭게 하셨습니다. 그러나 하나님은 언제 더 많은 것을 하시고? 언제 모든 것을 하시고? 언제 큰 목소리로 말씀하시고? 언제 나에게 "일어나서 걸어라"마태복음 9:5~6 말씀하시고? 나의 침상은 나의 고통인데, 언제 내가 그 고통을 억누를 수 있을 정도로 참을 수 있겠으며? 나의 침상은 나의 고통이니, 언제 투덜거리지 않을 정도로 그 고통을 참아낼 수 있으며? 언제 내가 나의 침상에서 일어나 걸을 수 있겠으며? 언제 내가 침상에 눕지 않아 즐거워하겠으며? 언제 내가 죄의 침상 아래 쓰러지지 않고 고침을 받겠습니까?

그러나 오, 나의 하나님, 나의 하나님, 모든 육체의 하나님, 모든 영혼의 하나님, 나는 정신이 혼미한 가운데에서도, 이 썩어가는 육체를 두고 하신 말씀에 만족하겠으니, 이 육체가 서기를 배우고, 서서 걷기를 배우고, 걸어서 여행하기를 배울 수 있도록, 이 육체는 조용히 기다리는 일에 만족하였듯이, 나의 영혼도 일어서라는 하나님의 목소리에 복종하여, 하나님의 은총으로 더욱 자라나, 하나님과 나 사이의 모든 의심과 모든 질투를 제거할 수 있도록, 그리고 내가 하나님께 용납되어 하나님이 만족하실 수 있는 그러한 목소리로 말하고, 들을 수 있도록, 그렇게 나의 영혼이 만들어지게 하소서.

기도

오, 영원하시고 자비로우신 하나님. 큰 것들을 보여주기 위해 작은 것들을 만드시고, 물세례와 성찬식의 빵과 술을 통해 하나님의 아들 예수의 무한한 진가를 우리에게 전하신 하나님. 나의 부족한 감사의 제물을 받아주십시오. 하나님은 허약함과 불편함의 표상인 이 침상으로부터 내가 일어날 수 있게 나에게 힘을 주셨을 뿐 아니라, 하나님의 은총으로 육체적으로 일어선 이 사건을 죄로부터 제 2의 부활의 증거로, 그리고 영원한 영광인 제 3의 부활의 증거로 만드셨습니다. 하나님의 아들은 그 자신 늘 무한하시어 덧붙일 것이 없으신 분으로, 기꺼이 처녀의 자궁 속에서 인간의 눈에 보이는 모습으로 자라났습니다. 나에 대한 하나님의 선한 의도는, 나를 향한 하나님의 신성한 의지와 함께 결정되고 완성됩니다. 그곳에 하나님의 은총이 있고, 나도 그곳에 함께 합니다.

하나님의 계절과 하나님의 태양계를 통하여 나에게 하나님의 의도를 알려주시면, 그때 나는 하나님의 무한한 선하심을 알고 위로를 받고, 하나님이 매일 나를 더욱더 좋아지게 하시고 계심을 발견하고 위로받겠습니다. 바울 사도(Saint Paul)를 낮추기 위해 하나님이 사탄의 심부름꾼을 그에게 보내신 것과 같이, 나를 낮추기 위해 하나님은 지식의 형태로 하나님 자신을 나에게 보여주셨으니, 하나님이 오늘 나에게 은총을 아무리 많이 주시더라도, 내일 나에게 은총을 주시지 않으면, 나는 내일 바로 죽고 말 것입니다. 그러니 나는 매일매일 양식을 주실 것을 하나님에게 간구합니다. 하나님은 여러 날 나에게 "슬픔의 빵"을 주시다가, 어느 날은 "희망의 빵"을 주시고, 오늘은 모든 힘의 주인 되시는 하나님께서 나에게 불어넣어 주신 "힘의 빵"을 먹고 일어날 수 있던 것과 같이, 그렇게 오, 주여, 나에게 늘 "생명의 빵"을 주시고, 하나님에 대한 믿음의 확신인 생명의 영적 양식을 주시고, 하나님과 영원히 결합될 수 있도록 그 무엇보다도 더 진실한 생명의 양식을 주옵소서. 오, 주님. 천사들을 창조하시고, 그 천사들이 새와 물고기와 짐승과 벌레가 창조됨을 보았을 때, 그들은 조르지는 않았지만, 우리가 이들 피조물들보다 더 나은 피조물과 함께할 수는 없습니까? 이들보다 더 나은 친구를 가질 수는 없습니까? 하고 하나님께 부탁하였습니다. 하나님은 휴식을 끝내시고 인간을 창조하시어 천사들에게 건네셨으니, 인간은 본성에 있어 천사들보다 모자랄 것이 없습니다.

오, 하나님, 하나님의 첫 자비로 내가 이제 일어설 수 있게 되었으니, 건강을 확인하는 말로 하나님을 더 이상 조르지 않겠습니다. 하나님의 자비로 하나님의 교정이 의학을 통해 나에게 이루어졌음을 이제 알게 되었으니, 나는 이 건강이 나의 영적 힘의 덕분이었다고 감히 말하지 않겠습니다. 그러나 나의 육체적 건강은 바람이 불듯 변화됨을 내가 아오니, 나의 영적 건강도 허영의 바람에 따라 변합니다. 오, 자비하신 주님, 내가 두

가지 건강을 유지하게 하시어, 늘 받은 것에 감사하게 하시고, 기도할 제목을 주시어 하나님의 손을 늘 구하게 하소서.

22

의사들은 병의 뿌리와 원인이라 할, 병의 불씨와 연료를 검토하고, 몸을 정화함으로 병을 고치려 한다

Sit Morbi Fomes tibi Cura

묵상

인간은 자신을 경영하는 일에 있어서 얼마나 실패하기 쉬운 "농장"을 경영하는가? 그 집은 매일 얼마나 쉽게 망가져 가고, 모든 마당은 얼마나 많은 잡초들〔병〕로 무성한가? 모든 잔디뿐 아니라 모든 돌에도 잡초가 뿌리를 내리듯, 육체의 근육뿐 아니라 육체의 모든 뼈들에도 결함이 있고, 토양의 표면〔피부〕에 있는 모든 작은 부싯돌〔머리뿌리〕은 감염성 잡초라 할 우리 머리의 치아〔흰 머리카락〕를 가지고 있어, 걱정 없이 지내던 사람도 걱정하게 하고 고통을 주어, 고통의 의미이기도 한, 두려움〔나이가 듦〕으로 우리를 부끄럽게 만든다. 인간은 〔자신을 경영하는〕이 "농장"에 대하여 얼마나 자주 값비싼 지대를 지불하는가? 인간은 하루에 두 번씩 식사를 대접하고, 시도 때도 없이 지대를 올리는 것을 감수해야 한다.

노동을 할 수 없게 하는 휴일은 얼마나 많은가? 우리는 매일 매일 반은 휴일로 지내야 하는 "잠"으로 하루의 반을 소비한다. 지대 이외에도 우리의 농장은 배상금, 기부금과 보험료를 요구하지 않는가? 식사 이외에도 약품을 요구하지 않는가? 자신의 가족들 이외에 타인들로부터 전염병을 얻어서는 그 하숙생들을 먹여 살리려고 하지 않는가? 아담은 낙원에서 옷을 해 입고, 〔낙원을〕 관리하면서 살았을 수도 있다. 그때 그의 지대는 이마에 땀 흘리는 정도의 노동까지 요구하지는 않았을 수도 있다. 그러나 그는 포기하였다. 우리는 우리 자신을 다 지불하는, 이 육체, 이 농장에 얼마나 더 지대를 내야 하는가? 누가 영원히 살 수 없는 농장에 지대를 지불하고 싶겠는가? 잡초를 제거해야 하는 우리의 노동은 끝도 없다.

우리는 빠른 속도로 파괴하는 폭력적이고 위험한 병들〔잡초들〕이 발생하자마자 고치는데, 그 잡초를 뿌리째 뽑았다 하더라도, 우리는 그 특수한 병으로부터 완전히 건강하게 회복되지는 못한다. 모든 땅은 본질적으로 병들어 있고, 모든 토양은 병의 성향이 있다. 육체는 병으로 기울어져 편향되어 있어서, 다른 잘못된 점이 없더라도, 육체에서 병들은 자랄 것이다. 그러나 우리는 그러한 "농장"에서 계속해서 일하면서 우리 육체의 모든 구조와 체제를 끊임없이 연구해야 한다. 토양에 이상과 병이 발생하여 생기게 되는, 시큼함, 건조함, 습함, 여타의 불임성의 대부분은 때때로 그 치료와 약품을 토양에서 찾을 수 있다. 때때로 자체의 환경이 병들을 경감시키는데, 언덕이 가지고 있는 자체의 유해한 습기를 언덕의 숲이 정화시켜 치료할 수 있다. 땅의 잔디 윗부분을 불태우는 것은 (감정을 마비시켜 건강을 되찾는 것과 같이), 토양에 새롭고 활기 찬 젊음을 주고, 재로부터는 일종의 불사조를 불러내어 전에는 불임이었던 토양에 풍성한 열매를 거두게 한다. 그 땅 자체가 치료약을 줄 수 없을 경우, 그 땅은 치료약으로 그보다 나은 다른 땅, 다른 토양으로부터 치료약을 받을 수 있다. 예로, 배로 프랑스로부터 흙을 실어오든가, 아니면 독일로부터 마사토를 가져와 토양을 바꿀 수 있다. 다른 토양의 도움을 받아 이제 땅은 스스로를 도울 수 있게 되는데, 이 땅이 도움을 준 다른 땅을 해하지는 않는다.

나는 이렇게까지 힘들게 지대를 지불해야 하는 농장을 가지고 있지만, 이 농장에는 스스로 어떤 도움도 줄 수 없는 힘겨운 경우가 발생할 수도 있다. (나의 몸 일부가 잘려나간 경우, 몸의 다른 부분이 그 잘려나간 부분을 치료할 수 없고, 몸의 일부를 건강하게 유지할 수는 있지만, 전염된 부분을 회복시킬 수 없는 경우가 있다) 만일 나의 육체가 나의 치료약으로 다른 사람의 육체로부터 약품을 가져와야 하는 경우, 즉 다른 사람의 육체로부터 약품을 가져와야 한다면, (미라 또는 그와 같은 구성물) 그것은 죽은 사람으로부터 가져와야 하는 것으로, 토양에서와 같이, 타인의 토양을 나의 땅에 가져다 써도 전혀 해가 되지 않는다고 할 수 없다. 같은 인간으로 다른 인간을 도울 수 있는 길은 아무것도 없으며 (치료약의 방식으로) 인류가 서로를 도울 수 있는 방법도 없다. 도움을 주려고 하는 사람이 치료할 약을 가지고 있지 않다면, 그는 도움을 받는 사람과 마찬가지로 불행하기는 마찬가지이다. 왜냐하면 그의 육체로부터 치료약이 나오는 자는 죽어야 하는 자이기 때문이다.

그러므로 내가 이 농장〔육체〕을 경영할 때, 나는 늪지가 아닌, 해자에서 물을 빼는 일을 하였는데, 해자는 불쾌감을 주는 물은 아니었다. 냄새가 나지 않는 곳이 없는 곳에서 나는 분뇨에 향수 뿌리며 물을 빼는 일을 했다. 나는 강렬한 열기나 냉기의 명백한 특성을 지닌 독성이 아니라, 독성 그 자체이거나 독성을 지닌 특수 부분을 건강하게 만드는 일을 했다. 병의 부수적인 원인들을 치료하는 일은 힘든 일이나, 병 그 자체를 치료하는 일은 더 힘든 일이다. 그러나 병의 원인이 되는 그 뿌리인 육체를 치료하는 일은 훌륭한 의사의 몫으로, 그는 다음 세상에서 이들 육체들을 영광되게 할[고린도전서15:39~42] 방식 이외에 어떤 다른 방식으로 일하지 않는다.

논의

나의 하나님, 나의 하나님, 나의 병의 발병시기, 병의 뿌리, 병의 연료 등을 언제 생각하고, 언제 그만두고, 그들에 대하여 무엇을 생각하고, 무엇을 생각하지 말아야 합니까? 어느 히포크라테스(Hypocrates), 어느 갈렌(Galen)이 나의 신체의 병을 나에게 보여줄 수 있습니까? 병은 육체보다 훨씬 더 깊은 곳에 있습니다. 병은 나의 영혼 가운데 있습니다. 아니, 그보다 더 깊이 있습니다. 우리에게 영혼이 다가오기 전, 생명이 없었을 때 우리의 육체는 죄가 없는 육체였습니다. 병이 육체로 들어와 육체를 〔병으로〕 사로잡기 전 영혼은 죄가 없었습니다. 모든 병의 뿌리와 연료는 죄입니다. 육체와 영혼을 파괴하는 병은 육체와 영혼 어느 한 곳에 있는 것이 아니라, 둘 모두에 있습니다. 병은 육체와 영혼이 결합한 곳에 있습니다.

오, 나의 하나님, 내가 그 결합을 어떻게 막거나, 풀 수 있겠습니까? 나의 병의 뿌리와 연료는 나의 죄, 내가 실제로 지은 죄입니다. 그러나 그 실제로 지은 죄조차 또 다른 뿌리 또 다른 연료인 원죄에 기인한 것입니다. 내가 원죄에서 벗어날 수 있겠습니까? 내가 어떻게 빵 덩어리에 들어 있는 "효모"를 떼어낼 수 있겠으며, 바닷물로부터 물을 빼어내 소금을 분리할 수 있겠습니까? 내가 결코 피우지 않은 죄의 연료나 불씨에 대하여 주의해야만 한다는 사실을 하나님은 아십니까? 온 세상은 장작더미이고 그 위에 우리가 놓여 있습니다. 그리고 (마치 그곳에 다른 것은 없는 듯이 바람을 뿜어대는) 우리는 풀무들입니다. "무지"의 바람이 불어 "불"을 피우고, "부정한 것을 만지는 자는 그가 그것을 모르고 하였더라도 부정한 것이 되니", 레위기 5:2 "모르고 행하여질지라도, 〔죄는 이미 지은 것이니〕 희생이 따라야 합니다". 민수기

[15:24] "무지"의 바람이 "연료"의 불길에 부채질을 하면, "지식"의 바람은 더 거세게 부채질하여, "하나님의 공정한 법도를 알면서도, 자기들만 이런 일을 하는 것이 아니라, 이런 일을 저지르는 사람을 두둔하기까지 합니다". [로마서 1:32] 자연〔태생〕도 연료에 부채질을 하는데, "태어날 때부터〔자연〕 우리는 진노의 자식들입니다". [에베소서 2:3] "법"도 부채질합니다. 하나님의 사도 바울(Saint Paul)은 "그 죄가 법 때문에 일어났다"[로마서 7:8]라 말하였는데, 우리는 금지하였기에 죄 되는 일을 합니다. 우리가 법을 어기면 죄 짓는 것이니, "죄를 짓는 사람마다 불법을 행하는 사람입니다. 죄는 곧 불법입니다". [요한1서 3:4] "내 팔다리에는 다른 법이 있어서, 내 마음의 법과 맞서서 싸우고, 내 팔 다리 속에 있는 죄의 법이, 나를 사로잡는 것을 봅니다". [로마서 7:23]

우리의 조상들이 우리 속에 죄의 "씨앗"을 심고, 죄의 "샘"도 하나 심었습니다. "샘이 물을 솟구쳐 내듯이, 우리는 죄악을 솟구쳐 내고 있습니다. 우리는 우리의 조상들보다 더 악합니다."[예레미야 6:7] "우리는 많은 유혹에 노출되어 있어서 마치 유혹이 없는 듯, 우리 자신의 욕심에 이끌려서 죄의 꾐에 빠져드는데", [야고보서 1:14] 그것에 만족하지 못하고 그 죄에 즐거움을 갖지 못할 때, 우리는 자신을 타락시키고 망가뜨릴 만한 "힘"과 "꾀"로는 충분하지 않은 듯, 다른 사람들을 위하여 죄를 짓습니다. 아담(Adam)이 이브(Eve)를 위해 죄를 짓고, [창세기 3:6] 솔로몬(Solomon)이 자신의 아내들을 위해 죄 지을 때, [열왕기상 11:3] 그것은 "애처가의 죄"였습니다. 재판관들이 이세벨(Jezabel)을 위해 죄를 짓고,[열왕기상 21:11] 요압(Joab)이 다윗(David)에 복종하는 죄를 지었을 때,[사무엘하 11:16,21] 그것들은 "야망"에서 비롯된 죄였습니다. 빌라도(Pilat)가 사람들의 요구에 밀려 죄를 짓고,[누가복음 23:23] 헤롯왕(Herod)이 유태인들을 더욱더 만족하게 해주려 죄를 지었을 때,[사도행전 12:3] 그것들은 "인기"에 부합하는 죄였습니다. 가정에, 가슴 속에, 또는 외부에, 나의 말과 나의 목표에도 죄를 짓게 할 수 있는 모든 것들이 들어 있습니다. 나인 것, 내가 아닌 것, 내가 되고 싶은 것, 모두가 죄를 짓게 하는 재료, 불씨, 화력, 그리고 풀무가 됩니다.

오, 나의 하나님, 내가 건강하게 되기 전에 나 자신, 나 스스로를 버리도록 하시려는 것입니까?[에베소서 4:22] 하나님이 나로 하여금 옛사람을 버리게 하실 때 나의 오랜 죄 짓는 버릇뿐 아니라, 가장 오래된 죄, 원죄까지 생각하라고 하신 것입니까? 하나님이 나로 하여금 "묵은 누룩을 치우도록 하실 때",[고린도전서 5:7] 나 자신 잘못 길들인 습관들의 시큼함뿐 아니라, 태어날 때 이미 심어진 타고난 죄의 씨앗까지 생각하라고 말씀하신 것입니까? 그러나 하나님이 요구하신 것을 내가 어떻게 할 수 있겠습니까? "죄가 사방에 퍼졌다"고 하나님이 말씀하신 것을 내가 어떻게 거짓이라 할 수 있겠습니까? 그러나 오, 나의 하나님, 나는 하나님이 직접 설명하시지 않은 말씀을 잡고 하나님께 추궁하지는 않겠습니다. 나는 나의 영혼의 상태보다는 나의 육체의 상태를 더 잘

볼 수 있으니, 나에게 나의 영혼의 상태를 보여주실 분은 하나님뿐임을 나는 압니다. 그 어떤 해부학자라도 육체를 해부하여 모든 육체적 병의 "화력"과 "연료"와 "원인"이 놓여 있는 곳을 말할 수는 없습니다. 그러나 인간은 큰 위험들은 막을 수 있을 정도로 병에 걸린 자신의 육체구조와 성향은 알 수 있습니다. 우리가 원죄의 위치와 원죄의 본질을 분명하고 정확하게 밝혀낼 수 없고, 아무리 노력하더라도 그 원죄를 제거할 수는 없겠지만, 하나님의 세례의 물로 원죄를 씻음으로 우리는 원죄를 더 잘 보고 더 잘 구별할 수 있을 뿐 아니라, 원죄를 약화시켰음으로, 아무리 그 죄가 "이전의 본성"을 지니고, "같은 이름"을 갖고 있기는 하겠지만, 그 원죄는 똑같은 "독성"을 갖지는 못할 것입니다.

기도

오, 영원하시고 자비로우시며, 보호해주시는 하나님. 우리가 항상 하나님의 사랑을 확신하고, 하나님의 사랑을 위해 우리가 무엇인가를 하도록 하시는, 안심할 수 없게 하시는 하나님. 나와 함께 계심을 내가 늘 알게 하시고, 마치 내가 하나님을 알지 못하는 듯이 늘 내가 하나님을 연구하게 하소서. 하나님은 히스기아(Ezechias)의 목숨을 15년 연장하시었고, 이사야 38:5 얼마 동안인지 알 수 없으나, 하나님은 나사로(Lazarus)의 목숨도 연장하시었습니다.[요한복음 11:43] 하나님은 미래의 죽음을 잠시 보류하시어, 그들의 육체에서 거두시지 않으셨으니, "불씨"를 거두시지 않아, "불길"을 끄지 않으셨습니다.

오, 우리의 선하신 두려움의 하나님. 우리의 영혼들에도 같은 방식을 취하시어, 죄를 용서하시겠지만, 죄인이 더 이상 죄를 짓지 못할 정도로 죄를 거두시지는 않습니다. 인간이 아무런 죄가 없게 만들 정도로 그렇게 하나님은 인간을 완전하게 만들지 않았습니다. 나는 진정으로 회개하여, 나의 죄들을 하나님의 아들의 상처에 묻었는데도, 내가 하나님의 아들에게 전가하였던 그 죄들이 아직도 나의 죄들인 듯하고, "생명의 분수"인 예수에 의해 죽었던 그 죄들이 다시 생명을 가지고 살아나 나를 죽이려고 합니다. 그러나 내가 이 죄들을 안달하며 의심스런 눈빛으로 바라보는 것은, 하나님의 관대함을 축소시키고, 하나님의 충만한 자비를 손상시키는 일이 될 것입니다. 그러나 하나님의 현재의 자비가 모든 나의 미래의 죄들에 이르기까지 연장되어, 미래에 있을 죄의 "불씨"나 "연료"가 전혀 남아 있지 않을 것이라고 생각하는 것은, 비정상적인 기대이고 건방진 생각일 것입니다.

그러니 오, 나의 하나님, 나의 영혼을 생각하시어 하나님의 자비를 절제하시옵소서. 하나님과 완전히 화해한 사람들에게 그러하셨던 것보다, 지금 나에 대한 하나님의 자비가 덜 마음 쓰고 덜 진지하시다고 의심하는 정신의 혼미함으로 내가 빠져들지 않게 하시고, 이 현재의 자비가 모든 독소에 항독제가 되리라 생각할 정도로 자비를 생각하지 않게 하시고, 하나님의 자비가 나를 보호해 줄 것이라는 자신감으로 모든 유혹에 나 자신을 노출하지 않게 하시고, 내가 나 자신을 던져 새로운 죄를 짓게 될 때마다 하나님은 매우 쉽게 나에게 자비를 베푸시는 분으로 언제나 내가 새로운 자비를 받을 것이라는 생각을 갖지 않게 하소서.

23

의사들은 재발의 끔찍한 위험에 대해 나에게 경고한다

Metusque Relabi

묵상

여러분의 "불"을 끄고 "불씨"를 긁어모으는 죽음의 종이 울릴 때, 여러분이 드러누워서 두려움 없이 잠들 수 있는 곳은 인간의 육체가 아니라, 하나님의 나라이다. 여러분이 약물과 식사요법으로 "병의 불씨"를 다 솎아내었더라도 재발의 위험은 늘 있다. 재발에는 더 큰 위험이 도사리고 있다. 즐거움과 고통에 있어서도 소유권이 있어, "나의 것"〔나의 즐거움과 고통〕이 있고 "너의 것"〔너의 즐거움과 고통〕이 있다. 그가 그 즐거움을 이전에 즐겨 경험한 것이면, 그 즐거움은 "그의 것"으로 그의 마음에 가장 와 닿고, 그가 그 고통을 이전에 경험한 것이면, 그 고통은 아픈 기억으로 "그의 것"이 되어 그 고통에 대하여 매우 두려워하게 된다. 축적하는 기쁨을 만족시키기 위해 모든 그의 지력과 모든 능력을 다 사용하는 탐욕스런 사람은, 사람들이 어떻게 마음 놓고 나눠주면서 즐거움을 맛볼 수 있는지 의아해한다.

육체적 고통도 마찬가지이다. 결석을 앓고 있는 환자는 중풍을 앓고 있는 환자가 왜 그렇게 고통스러워하는지 의아해한다. 결석도 중풍도 앓지 않고 단지 치통뿐인 사람은 결석을 앓고 있거나 중풍을 앓고 있는 사람만큼, 아니면 두 가지 병을 모두 앓고 있는 사람만큼이나 치통이 두렵다. 우리 자신이 경험하지 못한 병에 대하여 우리가 느끼는 감정은, 그 병에 걸린 타인에 대한 "동정심" 정도이다. 우리가 상대의 입장이 되어 상대와 같은 슬픔을 표현할 정도로 그렇게 우리 스스로 슬픔을 느끼지 않는다면, 그 "동정심"이란 그렇게 대단한 것이 아니다. 그러나 우리가 고통들을 환기시키며 우리 자신 그 고통들을 다시 느끼게 될 때, 우리는 병의 "재발"에 대한 두려움으로 몸을 떨게 된다.

우리가 고열로 헐떡이고 온몸이 땀범벅이 되어 정신을 못 차리며 긴긴 밤들을 잠 못 이루고 긴긴 낮 동안에는 깊이 슬퍼할 때(우리는 밤과 낮이 너무 길어서 자연현상에 이변이 생겼다 생각하거나, 1년을 6개월로 나누어 가장 긴 낮과 가장 긴 밤으로 된 비정상적 하루가 생겼다고 생각할 것이다), 우리가 "피고"나 되듯이 의사들이 협의를 마치고 다시 돌아오기를 기다리면서 좋은 징후가 보이는 진단이 나올지 확신할 수 없을 때, 우리가 남들과 똑같은 치료를 받으면서도 같은 결과가 나오지 않으므로, 다른 병으로 더 심각하거나 아니면 정도가 덜한 병이 진행하였다는, 그러한 상태와 상황과 위기일 때, 무엇보다 고통을 가중시키는 것은 우리에게 발생한 문제의 재발이 우리 자신의 탓이라는 것이다(그리고 대부분 그렇다).

우리는 우리 자신을 파괴하는 일에 있어서 그렇게 수동적이거나 능동적으로 관여한다. 우리는 허물어져 가는 집 아래에 서 있을 뿐 아니라, 그 집을 우리에게로 끌어당기기까지 한다. 우리는 처형당하는 자일 뿐 아니라("유죄"를 암시한다), 처형자("불명예"를 암시한다)가 되어 우리 자신을 우리가 처형하고 있다("불신앙"을 암시한다). 그리고는 우리가 처음 병에 걸렸을 때 받았던 위안, 즉 "아, 인간 모두 얼마나 불행한가? 어떻게 병을 앓는가?"라는 명상으로부터, (우리 인간은 모두 병에 걸린다는 사실이 어느 정도 위로가 되었다) 우리는 "불안", "자기비난", 그리고 "자기학대"에 빠져서, "아, 슬프다, 신중하지 못하게 나는 하나님과 그의 도구들인 의사들에게 감사하지 못하고, 그 큰 혜택들을 잘못 이용하여 매우 급히 헛되게 하였다. 그렇게 오래 노력하였건만, 나의 부주의함으로, 하나님과 의사들이 구해낸 그 수렁으로 다시 빠져들어 갔도다!"라 말한다. 그렇게 나는 두려워 떨며 육체로부터 마음으로 생각을 옮겨가, 육체의 병을 생각하지 않고, 병을 재발하게 만든 그 죄 많은 나의 부주의함, 그 죄에 대하여 명상하였다. 그리고 이제 재발을 더욱 심각하게 만든 것들 가운데 하나는, 이번의 병이 이전보다 더 허약해지고 이전에는 전염되지 않았던 곳을 찾아내서 더욱 격렬하고 더욱 치료 불가능하게 진행되었다는 점이다.

아직 모습을 드러내지 않은 병에 대해서 우리는 두려워할 수가 없는데, 우리는 우리가 무엇을 두려워할지 모르기 때문이다. 두려움이 가장 바쁘고 가장 고집스런 감정이듯이, 재발의 두려움도 그러하다(늘 재발할 태세를 하고 있다). 새롭게 빠져드는 재발의 두려움은, 두려움 가운데 가장 가까이 있는 두려움으로, 두려움의 감정을 가장 직접적으로 보여주는 두려움이다.

논의

나의 하나님, 나의 하나님, 나의 하나님, 나의 의사 되시는 전능하신 아버지. 하나님의 영광스런 아들 예수는 나의 "치료약"이었습니다. 모든 것을 준비하고 계시다가 나에게 모든 것을 주셨던 하나님의 축복된 성령이시여, 나만 홀로 하나님이 하신 모든 일들을 뒤엎고, 하나님의 무한한 자비가 나를 구해 내신 그 영적인 병으로 다시 되돌아갔습니까? 오, 나의 하나님, 하나님은 나의 반복되는 죄들을 자비로 채우시는데, 나의 죄 재발은 하나님의 사람들, 민족들, 이스라엘의 수많은 영광된 족속들의 죄 재발들만 하지 않습니다. 이스라엘 민족들은 얼마나 자주 "예전으로 돌아갔습니까?"출애굽기 32:4; 민수기 11:4; 사사기 3:6 나는 어디에서 자신감을 찾아야 합니까? 하나님은 이스라엘 민족들의 그 많은 다양한 죄들을 얼마나 자주 눈감아 주셨고, 자주 반복되는 그들의 죄들을 얼마나 격렬히 지적하셨습니까? 그들의 죄란 하나님을 비난하는 "불만의 죄"출애굽기 16:2~7; 민수기 14:27; 에스겔 20:8입니다. 하나님의 도구들인 "사제들"이 하나님에 대한 불만으로 다른 신들을 섬길 때, 이스라엘 민족들은 그들의 이웃들이 섬기는 우상들을 받아들였습니다. 에스겔 20:16

오, 나의 하나님, "불만"이란 얼마나 위험한 길이고, 얼마나 깊어 다시 올라올 수 없는 바닥입니까? 하나님으로부터 오신 "사람"〔예수〕을 원망하는 사람이 어떻게 하나님 가까이 갈 수 있겠습니까? 그 "행정관"〔예수〕은 하나님의 의복이니, 그 옷에 칼을 들이댄 사람은 그 옷을 입은 사람에게 잘못이 없다고 할 수 없습니다. 하나님의 "사람들"〔이스라엘 민족〕은 그러한 방식으로 죄를 지은 끔찍한 "사람들"입니다. 하나님의 사제들에 대한 원망 때문에 얼마나 자주 평신도들이 하나님으로부터 떠나는 결과를 초래하게 했습니까? 사람들이 "다른 주인"을 섬긴다면 그것은 그들이 "다른 신들"을 섬기는 것입니다. 오늘의 원망이 내일의 우상숭배로 이어집니다. 원망이 우상숭배를 끌어들이고, 그들은 원망과 우상숭배를 자주 반복합니다.

오, 나의 하나님, (오, 나의 하나님, 하나님은 나에게서 똑같은 일이 일어나는 것을 보시고는 보신 것을 다시 나에게 보여주셨습니다) 나는 내가 다시 빠져들까 두렵습니다. 그러나 나는 지금 죄로 다시 빠져드는 나 자신을 발견합니다. 그 "죄의 영혼"은(우리는 죄를 불멸하게 만들고, 그 죄는 영혼을 갖게 됩니다) 하나님에게 불복합니다. 하나의 죄가 나에게서 죽으면, 그 "죄의 영혼"은 또 다른 죄로 옮겨갑니다. 우리의 젊음이 죽으면 그 죽음과 함께 우리 "젊은 날의 죄들"도 죽습니다. 어떤 죄들은 장렬하게 사망하고, 어떤 죄들은 자연스럽게 죽습니다. 가난, 궁핍, 투옥, 추방이 우리 죄들 가운데 몇몇을 죽이고, 어떤 죄들은 나이가 들면 죽어버립니다. 그러나 아무리 애써도 우리는 그 죄들을 어찌할 수가 없으니 그 "죄의 영혼"은 살아서 다른 죄로 옮겨갑니다. 방탕함이었던 죄가 야망으로 자라나 헌신을 버리고 영적 냉담함으로 변합니다.

우리는 죄의 상태와 관련하여 세 종류의 삶을 살아갑니다. "젊은 날의 죄들"이 종결되는 곳에서 "중년의 죄들"이 시작되고, 이어서 "노년의 죄들"이 따릅니다. 오, 나의 하나님, 나 자신에게서 발견되는 이러한 "죄의 이주"가 나로 하여금 다시 죄에 빠져드는 것을 두렵게 합니다. 그러나 나의 두려움의 근거는 이전보다 심각합니다. 왜냐하면 나는 재발의 경험이 있고, 이미 여러 번 재발을 경험했습니다. 오, 나의 하나님, 재발을 왜 그토록 혐오하십니까? 하나님에게 불충한 사람들이 하나님을 화나게 하는 것은 그들의 원망과 그들의 우상숭배가 아니라, "거듭해서 짓는 그들의 죄"입니다. 하나님이 그들을 비난하셨을 때, "그들은 이스라엘의 거룩하신 분을 시험하기 때문입니다. 시편 78:41 그것은 원망에서 비롯되었습니다. 그러나 하나님이 과오 그 자체만으로 그들을 비난하여 과오라는 말을 꺼내기도 전에 그들이 그 과오 자체를 반복하고, 배가하는 것에 대하여 하나님은 비난하셨습니다. 그들은 얼마나 자주 광야에서 나를 화나게 했고, 사막에서 나를 가슴 아프게 하였는가? 하나님이 화나셨을 때, 하나님은 그들을 처벌하지 않고 버려두기보다는" "하나님이 자신이 한 맹세를 깨겠다"고 말씀하실 정도였습니다("그들은 내가 그들의 조상들에게 맹세한 땅을 보지 못하리라"). 왜냐하면 "그들은 열 번이나 거듭 하나님을 시험하였기 때문입니다". 민수기 14:22~23 하나님은 그 일로 화가 나시어 위협하여 말씀하시기를, "만일 여러분이 어떤 방식으로든 다시 되돌아가는 경우 분명히 알아야 할 것은, 주 되시는 여러분의 하나님이 여러분 앞에서 다시는 이 민족을 몰아내지 않을 것이다. 그리고 그들은 여러분이 멸망할 때까지 여러분에게 올무와 덫이 되고 잔등에 채찍이 되며 눈에 가시가 될 것이다". 여호수아 23:13

오, 나의 하나님, 그 누구도 할 수 없으니, 오직 하나님만이 한 민족이 우상을 다시 숭배하는 것에 대해 분노의 말을 할 수 있습니다. 어느 국가나 우상숭배는 치명적입니다. 병이 재발되어 합병증으로 발전하면, (이전에 회복되었다는 사실을 알고 이번에도 회복될 것이라고 공언하겠지만) 상태는 매우 절망적입니다. 하나님의 분노는 증거가 분명한 곳에서는 예외가 없습니다. 그래서 "소문에 도시의 몇 사람들이 다른 사람들을 우상숭배로 몰아간다 하였는데, 염탐을 하여 사실로 판명되면, 너희는 도시와 도시민과 가축들 모두를 파괴해야 한다"신명기 13:12~15고 하나님은 말씀하셨으니, 우상숭배를 다시 시작하였다는 의심이나 소문이 있는 곳에서는 언제나 하나님의 분노가 깨어나, 하나님의 의분이 들끓었습니다.

하나님의 종 여호수아(Joshua)가 다스릴 때, "이스라엘 자손이 들은즉 이르기를 르우벤(Reuben) 자손과 갓(Gad) 자손과 동쪽의 므낫세(Manasseh) 반 지파가 가나안 땅의 맨 앞편 요단 언덕가 이스라엘 자손에 속한 편에 단을 쌓았다 하는지라"여호수아 22:11 이스라엘 자손들은 더 이상 알아보지도 않고, "온 회중이 동쪽 지파들에게 대항하여 싸우려고 실로(Shiloh)에 모여", 여호수아 22:12 "모든 지파의 대표들이 그곳으로 가서", 그들이 우상을 숭배하려는 자세보다, "다시 우상을 숭배하게 되었다"는 사실에 대해 반대하여 "우상숭배한 브올(Peor)에서의 재앙으로도 우리에게 부족하단 말입니까?"여호수아 22:17라고 대표들은 말하였습니다. 우상숭배는 이전에도 있었는데, 그때 "2만 4천 명의 숭배자들"이 살해되는 벌을 받았습니다. 민수기 25:9 마침내 르우벤 자손과 갓 자손은 대표자들을 만족시켰으니, 우상숭배를 위한 제단은 지어지지 않았고, 대신 그들은 자신들의 방식으로 단을 쌓았으니, 자신들도 이스라엘 자손들과 똑같이 여호와께서 하나님이 되심을 공언하기 위한 것이었습니다. 그렇게 해서 이스라엘 지파의 군대는 피 흘리지 않고 돌아갔습니다. 실제로 우상숭배로 다시 돌아갈 정도에 이르지 않은 곳에서조차, 오, 나의 하나님, 하나님은 그곳에 민감하게 반응하십니다. 항상 마음을 꿰뚫어 보시는 하나님은 전혀 나쁠 것 없는 경우에도, 의심스러운 소문이 있기만 하면, 하나님의 이스라엘 민족이 다시 옛날 죄에 빠지는 경우 받게 될 모든 위험들을 생각하여, 그렇게 민감하십니다. 하나님이 매우 싫어하시어 그 죄에 무게를 더하는 것이 바로 재발입니다.

그러나 오, 나의 하나님, 왜, 그렇게? 그렇게도 재발을 혐오하십니까? 죄를 짓고 참회하는 자는 하나님과 악마를 저울질하는 것입니다. 그는 신과 악마가 하는 말을 듣고, 그 후 그가 행한 행동으로 그가 "속해 있는 쪽"의 판결을 받습니다. 그가 죄쪽으로 다시 돌아선다면, 그는 사탄의 편임을 공언하는 것이니, 은총보다는 죄를, 하나님보다는 사탄을 좋아하는 것입니다. 그는 하나님을 비하하고 사탄의 우위를 선언하는 것이 됩니다. 비하는 신체적인 해악보다 더 깊은 상처를 줍니다. 다시 타락하는 일은 불경보다 더 깊은 상처를 냅니다. 하나님이 다시 타락하는 일을 혐오한다고 말씀하셨을 때, 왜 그 일이 그렇게 이전보다 더 위험하고, 더 해가 되는 일인지 물을 필요가 있겠습니까? 하나님의 불쾌감의 크기 이외에, 나의 위험의 크기에 다른 기준이 있습니까? 내가 다시 타락하면 그것은 내가 "바다"에서 "폭풍"을 만난 경우와 같다며 하나님은 얼마나 정확히, 그리고 얼마나 끔찍하게 표현하셨습니까? "배들이 하늘 높이 떠올랐다가, 바다 깊이 잠긴다."시편 107:26 나의 병은 내가 회개하여 하나님께로 가도록 하였지만, 나의 병의 재발은 나를 하나님으로부터 멀어지게 합니다. 그 사람의 나중 형편이 처음보다 더 비참하다마태복음 12:45

라고 하나님의 말씀되시는 하나님의 아들이 말씀하셨으니, 나의 처음은 병으로, 죄에 대한 형벌이었습니다. 그리고 "내가 죄를 다시 지으면, 더 나쁜 일이 뒤따를 것이다"라 하셨으니, 요한복음 5:14 다시 죄를 지으면, 시작이었던 병보다 더 나쁜 끝, 죽음일 뿐 아니라, 그 끝보다 더 나쁜 시작, 지옥입니다.

하나님의 종 베드로는 하나님의 아들 예수를 부인하고, 또 부인하였습니다. 그러나 그의 그런 행동은 모두 그가 회개하기 이전의 일로, 이후 그는 다시 죄를 짓는 일을 하지 않았습니다. 마가복음 14:70 오, 하나님이 아담을 다시 낙원에 받아들이셨다면, 그는 얼마나 자제하는 태도로 그 "나무"〔금단의 열매 나무〕 곁을 지나쳤을까요? 하나님이 타락한 천사들을 다시 불러들여 그들이 하나님을 다시 볼 수 있게 하셨다면, 그들은 오직 하나님만 바라보지 않았을까요? 그들이 하나님을 다시 볼 수 있도록 허락받았다면, 그들은 다시는 타락하지 않았을 것입니다. 내가 다시 타락한다면, 나의 경우도 그렇게 절망적이지 않을까요? 아니 그렇게 절망적이지는 않을 것이니, "하나님이 무한하시듯, 하나님의 자비도 무한하기 때문입니다". 외경전도서 2:18 하나님은 나로 하여금, 나의 형제를 일흔 일곱 번 용서하라고 하셨으니, 하나님은 용서를 "어떤 숫자"로도 제한하지 않으셨습니다.

죽음 그 자체가 비참한 것이라면, 사람은 반드시 다시 죽어야 하기 때문에, 하나님은 죽은 자를 다시 살려 일으키시지 않으셨을 것입니다. 용서하시는 하나님의 자비가 한 번 용서하신 후에는 더 이상의 자비를 내리시지 않을 정도로 재타락을 못마땅하게 여기신다면, 우리의 경우는 이전에 하나님이 자비를 베푸셨기 때문에 더 사태가 나빠지게 됩니다. 우리가 다시 죄지을 수밖에 없는 성질이 하나님의 "천명"에 있는 것이 아니라 우리 자신의 결함이라면, 이 세상에 사는 동안 죄 짓지 않을 사람이 누가 있겠습니까? 오, 나의 하나님, 그러나 내가 이 말을 하는 것은 내가 다시 타락 길을 준비한다는 가정에서 하는 것이 아닙니다. 내가 나의 결함으로 다시 타락할지라도 절망으로 가는 모든 길들을 차단하기 위함입니다.

기도

오, 영원하시고 자비로우신 하나님. 하나님은 영원하시어, 우리가 드리는 기도의 숫자대로 자신을 확장하시어, 우리가 청원하는 숫자대로 하나님의 영광과 위대함이 확장되오니, 예전에 언제나 그러했듯이 지금도 그렇게 하시옵소서. 오, 나의 하나님, 나는 두 가지 청함, 두 가지 기도를 가지고 나아갑니다. 나는 하나님이 자신의 영예라고 생각하시는 "경계심"에 대해 명상하였습니다. 그리고 하나님에게 용서를 간청하여 하나님으로부터 화해의 약속을 받아낸 후에, 또 다시, 내가 전에 필요하여 용서를 구하였던 그 죄를 다시 짓는 것보다 하나님의 영예를 더 먹칠하는 것이 없고, 하나님을 더 모욕하는 일이 없을 것이라고 생각하였습니다.

그리고도 내가 다시 타락한다면, 그것은 하나님의 성례, 하나님의 말씀, 하나님의 성찬식, 하나님의 약속, 하나님의 은총을 나의 영적 간음의 도구들로 만드는 것과 다르지 않음을 나는 알고 있습니다. 그러므로 하나님의 나에 대한 "교정"은, 이 순간 내가 나 자신을 하나님에게 드리는 것과 같이 내가 하나님과 하나가 되어, (오, 나의 하나님, 하나님은 나와 떨어진 때가 없습니다) "완전히 하나님의 소유"가 되는 것입니다. 이 순간 하나님이 나의 "해체"〔나를 하느님께 드리는 일〕를 받아주신다면, 오, 나의 하나님, 늘 변함없으시고 인내하시는 하나님, 전에 나를 정죄하셨던 같은 죄들로 다시 내가 빠져드는 것을 막아주소서. 그러나 너무나 한심스런 경험에 비추어 볼 때, 나의 죄의 습관들이 얼마나 제멋대로 내가 여러 방식으로 죄를 짓게 하는지를 알기 때문에 나는 또한 다른 간청의 기도를 드리오니, 나의 나쁜 버릇이 다시 나를 정복할지라도 나를 버리지 마소서. 그리고 나의 영혼에게, "나의 아들아, 네가 죄를 지었구나. 그러나 더 이상은 짓지 마라"라 말씀하여 주십시오. 그리고 내가 죄를 짓더라도, 회개와 참회의 하나님의 성령은 결코 나를 떠나지 않을 것이라고 말씀하여 주십시오.

하나님의 사도 바울은 "세 번" 파선하였으나 모두 구해졌습니다.[고린도후서 11:25] 이 세상의 "바위", "모래", "언덕", "여울", "번영" 그리고 "역경"이 다양하게 나를 위협할지라도, 그리고 나 자신의 결점들이 나를 위험에 빠지게 할지라도, 오, 나의 하나님, 믿음과 선한 양심을 잃은 사람, 후메내오(Hymeneus)와 함께 배를 타게 하지 마옵소서. 디모데전서 1:19~20 간절히 기도하오니, 내가 진실로 회개하게 하시고, 하나님께서 완전히 용서하신 죄들을 내가 다시 죄 짓게 될지라도 하나님의 영원하시고, 변함없으신 자비하심으로 나를 찾으소서. "아멘."

존 던의 생애와 작품

존 던(John Donne: 1572~1631)이 활동하였던 영국은 로마가톨릭에 대한 반감이 절정에 달했던 시기였다. 그의 어머니는 《유토피아》의 작가 토마스 모어(Thomas More) 집안으로 독실한 가톨릭 신자였다. 그는 옥스퍼드대학과 케임브리지대학, 그리고 링컨 법학원을 다니기는 하였지만 학위를 마치지 못했다. 국교도 신자가 아닌 이유로 출세의 길이 막혔다는 사실 때문에 지속적인 학문연구를 할 수가 없었을 것이다. 그러나 젊은 시절 그는 지적 호기심이 많아 신학, 의학, 법률, 고전문학 작품들을 읽고, 세속적인 출세의 욕망으로 자신의 능력을 과시하는 글과 시들을 많이 썼다. 지적 호기심 외에도 그는 매우 원기왕성한 젊은이여서, 1596년에는 에섹스(Essex) 경과 함께 배를 타고 카디즈(Cadiz) 공략에 나섰고, 1597년에는 롤리(Raleigh) 경과 함께 스페인 보물선박들을 추적하기 위해 아조레스(Azores)로 항해하기도 하였다. 그러한 노력 덕분에 1598년 던은 국새상서(Lord Keeper of the Great Seal) 토머스 에저튼(Thomas Egerton) 경의 비서가 되었고, 1601년에는 브레클리(Northants Brackley)의 국회의원으로 선출되어 세속적인 출세의 길을 달리는 듯하였다.

그러나 1601년 후반 던은 에저튼 경 부인의 조카딸 17세의 앤 모어(Ann More)와 비밀리에 결혼하면서 그의 인생에 커다란 변화가 일어난다. 그의 비밀결혼은 용서되지 않았고, 그는 에저튼 경의 비서직을 박탈당하였으며, 급기야 잠시 투옥되기까지 하였다. 이후 1615년 성직에 몸담기까지 14년 동안 그는 직업을 찾으려 노력하였지만 허사였고, 결국 친구들과 후원자들의 도움으로 생활하는 치욕의 삶을 살아야 했다. 마침내 1615년 제임스 1세는 성직자 이외에 어떠한 공직도 던에게 허용하지 않겠다는 단호함으로 그를 설교자로 임명하여, 케임브리지대학에서 신학박사 학위도 받을 수 있게 주선하였다. 이후 그는 성직자 생활을 충실히 하여 1621년에는 버킹엄(Buckingham) 공작의 주선으로 런던의 성 바울 성당의 수석사제(the Dean of St. Paul's Cathedral)로 임명되었다. 그는 당대의 가장 유명한 설교가가 되었고, 문학분야에서는 "형이상학파 시파"(Metaphysical Poets)의 시조이기도 하였다.

존 던의 초기 시들과 풍자들과 비가들은 모두 1590년대의 작품들이다. 그리고 그의 "종교 소네트"(*holy sonnets*)는 1610~1611년에 쓰인 것들이다. 그의 생전에 출판된 작품은 1611년과 1612년에 각각 쓴 두 편의 "1주년 기념시"(*anniversaries*)가 전부로, 그의 시들이 모아서 출판된 것은 그의 사망 2년 뒤인 1633년 그의 아들에 의하여 이루어졌다. 던이 시인으로 영문학사에 유명하게 알려지게 된 것은 20세기 들어와 엘리엇(T. S. Eliot)이 1921년 그리어슨(H. J. C. Grierson)이 편집한 시집 《17세기 형이상학파 서정시와 시》(*Metaphysical Lyrics and Poems of the Seventeenth Century*)에 짧은 에세이, 〈형이상학파 시인들〉(*The Metaphysical Poets*)을 시작으로 던을 높이 평가하는 글들을 발표하면서부터이다.

던의 산문작품들로는, 신앙을 지키다 죽는 가톨릭교도들을 공격하고, 생존한 가톨릭교도들에게 제임스 왕에게 충성을 맹세하도록 고무하여 왕의 신임을 얻으려 한 내용의 〈가짜-순교자〉(Pseudo-Martyr: 1610), 예수회를 맹렬히 공격한 〈이그나티우스 그의 비밀회의〉(Ignatius His Conclave: 1611), 자살을 옹호한 〈자살론〉(Biathanatos), 성직을 받아들일 준비를 하며 쓴 〈신학론〉(Essays in Divinity: 1651), 〈병의 단계마다 드리는 기도〉(Devotions Upon Emergent Occasions, and several steps in my Sickness: 1624), 그리고 사후에 그의 아들이 출판한 3권의 설교 모음집들(1640, 1649, 1660)이 있다. 산문작가로서의 던의 이름은 헤밍웨이(E. M. Hemingway)가 그의 소설 〈누구를 위하여 종이 울리나?〉(For Whom the Bell Tolls)의 제목을 던의 이 책 〈병의 단계마다 드리는 기도〉로부터 인용하여 더욱 알려지게 되었다.

존 던은 1623년 11월 후반부터 12월 초에 이르기까지 병을 앓았다. 병명은 알 수 없으나, 그의 딸 콘스탄스(Constance)를 12월 3일 서둘러 결혼시킬 정도였다면 그의 병은 심각했을 것이다. 병에 걸린 동안 그는 육체적 고통에 따른 그의 영적인 반응을 메모했다가, 이에 근거해 1623년 12월 말부터 책을 쓰기 시작하여, 1624년 1월 말에 출판사에 원고를 넘겼다. 그렇게 해서 〈병의 단계마다 드리는 기도〉가 세상에 나오게 되었다.

이 책은 23장으로 되어 있고, 각 장은 "묵상"(*meditation*), "논의"(*expostulation*), 그리고 "기도"(*prayer*)의 3개의 하위 장으로 나뉘어 병자가 병의 매 단계마다 하나님께 예배드리는 형식을 취하고 있다. "묵상"과 "기도"는 시어들이 많이 사용되는 반면에 "논의"는 산문의 경향이 짙다. "묵상"은 병에 걸려서 회복되기까지의 육체적 변화를 당대의 의학, 천문학, 연금술, 우주론, 그리고 종교관에 근거하여 묵상한 내용을 담고 있다. 이렇게 그의 병의 단계는 그의 영적 상태를 이해하기 위한 자료가 되었다. 던은 "묵상"의 형식으로 스페인의 신비주의자 이그나티우스 로욜라(Ignatius Loyola: 1491~1556)의 영성훈련(*spiritual exercise*)을 생각하였을 것이다. "논의"는 "명상"에서의 이미지들을 사용하여, 이해하기 어려운 성경의 내용을 하나님과 논의하는 형식으로 풀어나가는 방식을 취하고 있는데, 그의 병은 하나의 역사적인 사건으로 성경의 내용들과 결합된다. 끝으로 "기도"에서는 하나님이 인간 세상에서 하나님의 존재를 어떻게 드러내 보여주는가를 밝히면서 하나님에 대한 찬양과 저자 자신의 죄의 고백과 구원의 확신을 말한다.

저자 약력

존 던 (John Donne)

1572년, 영국의 독실한 가톨릭 집안에서 태어났다. 젊은 시절, 국회의원에 당선되는 등 세속적인 출세 가도를 달리다가 1601년 앤 모어와의 비밀 결혼으로 몰락하여 생의 밑바닥을 경험했다. 그러나 케임브리지대학에서 신학박사 학위를 받고 성직자가 된 후에는 당대 가장 유명한 설교가로 인정받았다. 주요 작품으로는 〈가짜-순교자〉(Pseudo-Martyr), 〈이그나티우스 그의 비밀회의〉(Ignatius His Conclave), 〈신학론〉(Essays in Divinity) 등이 있다. 20세기에 들어와서는, 그리어슨이 편집한 시집 《17세기 형이상학파 서정시와 시》(*Metaphysical Lyrics and Poems of the Seventeenth Century*)에서 엘리엇(T. S. Eliot)이 그의 시를 높이 평가하면서 문학 분야에서 "형이상학파 시파"(Metaphysical Poets) 시조로 인정받기도 했다.

역자 약력

김명복

1953년 철원 출생으로, 연세대 영문과와 동대학원을 졸업하고 미국 일리노이대학교에서 비교문학박사를 받았다. 시인이자 연세대학교 원주 캠퍼스 영문과 교수이다. 저서로 《예술과 문학》, 《영국낭만주의 꿈꾸는 시인들》이 있고, 시집으로 《그림자만 자라는 저녁》, 번역서로 《로렌스의 묵시록》, 《텍스트의 즐거움》, 《오비드 신화집: 변신이야기》, 《장미이야기》, 《궁정식 사랑기법》, 《바이런》, 《롱기누스의 숭고미이론》, 《아이네이드》가 있다.